*Sobre
a constituição
da Europa*

FUNDAÇÃO EDITORA DA UNESP

Presidente do Conselho Curador
Herman Jacobus Cornelis Voorwald

Diretor-Presidente
José Castilho Marques Neto

Editor-Executivo
Jézio Hernani Bomfim Gutierre

Assessor Editorial
João Luís Ceccantini

Conselho Editorial Acadêmico
Alberto Tsuyoshi Ikeda
Áureo Busetto
Célia Aparecida Ferreira Tolentino
Eda Maria Góes
Elisabete Maniglia
Elisabeth Criscuolo Urbinati
Ildeberto Muniz de Almeida
Maria de Lourdes Ortiz Gandini Baldan
Nilson Ghirardello
Vicente Pleitez

Editores-Assistentes
Anderson Nobara
Fabiana Mioto
Jorge Pereira Filho

JÜRGEN HABERMAS

Sobre a constituição da Europa

Um ensaio

Tradução

Denilson Luis Werle,
Luiz Repa e Rúrion Melo

© Suhrkamp Verlag Berlin 2011
© 2012 da tradução brasileira
Título original: *Zur Verfassung Europas* – Ein Essay

Direitos de publicação reservados à:
Fundação Editora da Unesp (FEU)
Praça da Sé, 108
01001-900 – São Paulo – SP
Tel.: (0xx11) 3242-7171
Fax: (0xx11) 3242-7172
www.editoraunesp.com.br
www.livrariaunesp.com.br
feu@editora.unesp.br

CIP – Brasil. Catalogação na fonte
Sindicato Nacional dos Editores de Livros, RJ

H119s
Habermas, Jürgen, 1929-
  Sobre a constituição da Europa: um ensaio / Jürgen Habermas; tradução Denilson Luis Werle, Luiz Repa e Rúrion Melo. – São Paulo: Ed. Unesp, 2012.
  (Habermas)

  Tradução de: *Zur Verfassung Europas*
  ISBN 978-85-393-0247-5

  1. Sociologia – Europa. 2. Democracia – Europa.
3. Europa – Política e governo – Séc. XXI. I. Título.
II. Série.

12-3625.   CDD: 301.940
                                  CDU: 316(4)

Editora afiliada:

Asociación de Editoriales Universitarias
de América Latina y el Caribe

Associação Brasileira de
Editoras Universitárias

Sumário

Introdução à Coleção . *VII*

Apresentação à edição brasileira . *XI*

Prefácio . *1*

O conceito de dignidade humana e a utopia realista dos direitos humanos . *7*

A crise da União Europeia à luz de uma constitucionalização do direito das gentes. Um ensaio sobre a constituição da Europa . *39*

   I.   Por que hoje a Europa é antes de tudo um projeto constitucional . *39*

  II. A União Europeia diante da decisão entre democracia transnacional e federalismo executivo pós-democrático . *49*

III. Da comunidade internacional para a comunidade cosmopolita . *90*

Jürgen Habermas

Adendo: A Europa da Alemanha . *107*

    I.   Depois da bancarrota – uma entrevista . *109*

    II.   O euro decide o destino da União Europeia . *125*

    III. Um pacto a favor ou contra a Europa? . *134*

Referências bibliográficas . *147*

Índice onomástico . *157*

Introdução à Coleção

Se desde muito tempo são raros os pensadores capazes de criar passagens entre as áreas mais especializadas das ciências humanas e da filosofia, ainda mais raros são aqueles que, ao fazê-lo, podem reconstruir a fundo as contribuições de cada uma delas, rearticulá-las com um propósito sistemático e, ao mesmo tempo, fazer jus à suas especificidades. Jürgen Habermas consta entre esses últimos.

Não se trata de um simples fôlego enciclopédico, de resto nada desprezível em tempos de especialização extrema do conhecimento. A cada passagem que Habermas opera procurando unidade na multiplicidade das vozes das ciências particulares, corresponde, direta ou indiretamente, um passo na elaboração de uma teoria da sociedade capaz de apresentar, com qualificação conceitual, um diagnóstico crítico do tempo presente. No decorrer de sua obra, o diagnóstico se altera, às vezes incisiva e mesmo abruptamente, com frequência por deslocamentos de ênfase; porém, o seu propósito é sempre o mesmo: reconhecer na realidade das sociedades modernas os potenciais de emancipação e seus obstáculos, buscando apoio em pesquisas empíricas e nunca deixando de justificar os seus próprios critérios.

Certamente, o propósito de realizar um diagnóstico crítico do tempo presente e de sempre atualizá-lo em virtude das transformações históricas, não é, nele mesmo, uma invenção de Habermas. Basta se reportar ao ensaio de Max Horkheimer sobre "Teoria Tradicional e Teoria Crítica", de 1937, para dar-se conta de que essa é a maneira mais fecunda pela qual se segue com a Teoria Crítica. Contudo, se em cada diagnóstico atualizado é possível entrever uma crítica ao modelo teórico anterior, não se pode deixar de reconhecer que Habermas elaborou a crítica interna mais dura e compenetrada de quase toda a Teoria Crítica que lhe antecedeu – especialmente Marx, Horkheimer, Adorno e Marcuse. Entre os diversos aspectos dessa crítica, particularmente um é decisivo para compreender o projeto habermasiano: o fato de a Teoria Crítica anterior não ter dado a devida atenção à política democrática. Isso significa que, para ele, não somente os procedimentos democráticos trazem consigo, em seu sentido mais amplo, um potencial de emancipação, como nenhuma forma de emancipação pode se justificar normativamente em detrimento da democracia. É em virtude disso que ele é também um ativo participante da esfera pública política, como mostra boa parte de seus escritos de intervenção.

A presente coleção surge como resultado da maturidade dos estudos habermasianos no Brasil em suas diferentes correntes e das mais ricas interlocuções que sua obra é capaz de suscitar. Em seu conjunto, a obra de Habermas tem sido objeto de adesões entusiasmadas, críticas transformadoras, frustrações comedidas ou rejeições virulentas – dificilmente ela se depara com a indiferença. Porém, na recepção dessa obra, o público brasileiro tem enfrentado algumas dificuldades que a presente coleção pretende sanar. As dificuldades se referem principalmente à ausência de tradução de textos importantes e à falta de uma padronização terminológica nas traduções existentes, o que, no mínimo, faz obscurecer os laços teóricos entre os diversos momentos da obra.

Incluímos na coleção praticamente a integralidade dos títulos de Habermas publicados pela editora Suhrkamp. São cerca de quarenta volumes, contendo desde as primeiras até as mais recentes publicações do autor. A ordem de publicação evitará um fio cronológico, buscando atender simultaneamente o interesse pela discussão dos textos mais recentes e o interesse pelas obras cujas traduções ou não satisfazem os padrões já alcançados pela pesquisa acadêmica ou simplesmente inexistem em português. Optamos por não incluir na presente coleção livros que foram apenas organizados por Habermas ou, para evitar possíveis repetições, textos mais antigos que foram posteriormente incorporados pelo próprio autor em volumes mais recentes. Notas de tradução e de edição serão utilizadas de maneira muito pontual e parcimoniosa, limitando-se, sobretudo, a esclarecimentos conceituais considerados fundamentais para o leitor brasileiro. Além disso, cada volume conterá uma apresentação, escrita por um especialista no pensamento habermasiano, e um índice onomástico.

Os editores da coleção supõem que já são dadas as condições para sedimentar um vocabulário comum em português, a partir da qual o pensamento habermasiano pode ser mais bem compreendido e, eventualmente, mais bem criticado. Essa suposição

Jürgen Habermas

anima o projeto editorial dessa coleção, bem como a convicção de que ela irá contribuir para uma discussão de qualidade, entre o público brasileiro, sobre um dos pensadores mais inovadores e instigantes do nosso tempo.

Comissão Editorial

Antonio Ianni Segatto
Denilson Luis Werle
Luiz Repa
Rúrion Melo

Apresentação à edição brasileira

Alessandro Pinzani[*]

O livro mais recente de Habermas (pelo menos até o momento, considerada a grande produtividade deste pensador) parece ter como objeto dois temas distintos e não conexos entre si, a saber, o papel que o conceito de dignidade humana desempenha na justificação e na prática dos direitos humanos, por um lado, e o processo de unificação europeia, por outro. Há, na realidade, vários fios condutores que perpassam os textos aqui reunidos: a preocupação com a incapacidade por parte da política de controlar a economia e, portanto, de reagir às crises econômicas e financeiras desencadeadas justamente por essa falta de controle; a consequente perda de sentido e de legitimação da própria política diante dos cidadãos; a necessidade de resgatar a dimensão da participação democrática dos

---

[*] Professor do Departamento de Filosofia da Universidade Federal de Santa Catarina (UFSC).

Jürgen Habermas

indivíduos, quer nos processos decisórios supranacionais, quer na gestão das políticas econômicas e financeiras.

Apesar do título, a Constituição Europeia representa somente um exemplo concreto de como seria possível esse resgate da dimensão democrática. Longe de fixar seu olhar exclusivamente sobre o Velho Continente, Habermas amplia sua perspectiva para a dimensão global, terminando o ensaio central do livro com uma proposta de reforma institucional em nível mundial, preocupada em criar uma sociedade global mais justa, não somente no sentido de garantir as liberdades básicas, mas também de garantir mais igualdade e uma vida digna a todos os seres humanos. Neste sentido, o conceito de dignidade explorado no primeiro ensaio volta a aparecer, ainda que não diretamente mencionado, no final do segundo ensaio, salientando toda a força *moral* do apelo para uma maior justiça global.

I

O ensaio sobre o conceito de dignidade humana começa como um exercício de história das ideias relativo ao papel desempenhado por tal ideia na elaboração da noção de direitos humanos; acaba, contudo, por alcançar o nível de uma reflexão teórica sobre o fundamento moral dos próprios direitos humanos. A tese defendida por Habermas é expressa claramente nestas duas frases:

> Em contraposição à suposição de que foi atribuída retrospectivamente uma carga moral ao conceito de direitos humanos por meio do conceito de dignidade humana, pretendo defender a tese de que, desde o início, mesmo que ainda primeiramente de modo

Sobre a constituição da Europa

implícito, havia um vínculo conceitual entre ambos os conceitos. Direitos humanos sempre surgiram primeiramente a partir da oposição à arbitrariedade, opressão e humilhação.[1]

Cabe lembrar, neste contexto, a posição que o próprio Habermas assumiu relativamente ao tema dos direitos humanos em suas obras precedentes. Em *Direito e democracia* (originalmente publicado em 1992), eles não são tematizados diretamente, já que lá Habermas prefere falar nos direitos fundamentais que os membros de uma comunidade jurídica e política se garantem reciprocamente. Em alguns escritos posteriores,[2] ele se serve do conceito de direitos humanos, mas salienta seu caráter peculiar de serem normas jurídicas que, contudo, se apresentam como normas morais. Eles são, diz Habermas, uma cabeça de Jano, com uma face voltada para o direito positivo e outra, para a moral. No presente escrito sua preocupação principal é precisamente com o aspecto moral de tais direitos. Neles se expressaria a "substância normativa da dignidade humana igual de cada um".[3] É em consequência da experiência de violações de tal dignidade que se passa a reivindicar direitos humanos. Eles são, portanto, respostas a tais violações e visam a reestabelecer ou a garantir igual dignidade a cada indivíduo.

É como se Habermas relesse sua própria teoria dos direitos fundamentais (exposta em *Direito e democracia*) à luz do conceito de dignidade: nessa perspectiva, o que os cidadãos querem é

---

1 Ver p.11.

2 Habermas, Kants Idee des ewigen Friedens – aus dem historischen Abstand von 200 Jahren, p.192-236; id., Zur Legitimation durch Menschenrechte, p.170-92.

3 Ver p.13.

XIII

justamente ser respeitados em sua dignidade.[4] Isso torna central o aspecto da busca de reconhecimento, à qual Habermas dedica bastante atenção, ainda que mencionando só *en passant* a obra de Axel Honneth (o qual, nesse ponto, possui uma posição bastante próxima à defendida por Habermas aqui).[5] Essa releitura não é tão livre de problemas como afirma Habermas,[6] já que coloca um elemento de fundamentação moral no centro daquela que, na obra de 1992, era uma reconstrução discursiva da gênese dos direitos, na qual contava somente a perspectiva jurídico-política da criação de uma comunidade de jurisconsortes (*Rechtsgenossen*) capazes de atribuir-se reciprocamente iguais direitos, sem que houvesse uma motivação estritamente moral por trás desse reconhecimento recíproco. Agora, os direitos fundamentais são vistos como uma concretização dos direitos humanos ancorada na constituição de um país. Como tais, os "direitos humanos formam uma utopia *realista* na medida em que não mais projetam a imagem decalcada da utopia social de uma felicidade coletiva; antes eles ancoram o próprio objetivo ideal de uma sociedade justa nas instituições de um Estado constitucional".[7] Habermas chega a falar de uma "ideia transcendente de justiça",[8] assumindo, de maneira aparente, aquela posição decididamente normativa própria das teorias da justiça que sempre quis expressamente evitar. Não estamos aqui perante a tensão entre facticidade e validade que perpassa como um fio condutor *Direito e democracia* (que em alemão se chama

---

4 Ver p.14.

5 Honneth, *Luta por reconhecimento*.

6 Ver p.19, nota 19.

7 Ver p.31.

8 Ibid.

Sobre a constituição da Europa

justamente *Faktizität und Geltung*, ou seja, *Facticidade e validade*) e que vive da necessidade de redefinir ou reafirmar a validade das pretensões de justiça elaboradas nos discursos jurídicos e políticos; agora, se trata de realizar concretamente, isto é, na realidade jurídica, um ideal normativo que o próprio Habermas define como "transcendente" – termo que parece remeter a um ideal definido de uma vez por todas, mais do que a um baseado em pretensões de validade revisáveis. Se optarmos por esta leitura do termo "transcendente", o direito deixaria de ser meramente o instrumento que permite preencher as lacunas criadas pela perda de uma eticidade compartilhada e consegue assim assumir o papel desempenhado anteriormente pela moral (como no livro de 1992); deixaria, em suma, de ser apenas construído de maneira meramente análoga à moral racional e receberia antes uma "carga moral", conforme afirma Habermas.[9] Destarte, o direito se tornaria responsável para eliminar a tensão entre ideia e realidade dos direitos humanos e para levar à realização a dignidade de cada um. Deste ponto de vista, haveria uma aproximação entre direito e moral bem mais forte do que na obra anterior de Habermas.[10]

II

Para uma melhor compreensão do longo ensaio sobre a União Europeia (UE), assim como dos artigos e da entrevista

---

9 Ver p.37.

10 Sobre a filosofia do direito de Habermas ver, entre outros: Maia, *Jürgen Habermas filósofo do direito*; Moreira, *Fundamentação do direito em Habermas*; Nobre; Terra (orgs.), *Direito e democracia. Um guia de leitura de Habermas*.

XV

que o acompanham, é necessário levar em conta algumas das etapas mais recentes do processo de integração e unificação que, desde os anos 1950, levou à formação da União atual, com 27 estados membros, 17 dos quais pertencem à chamada zona do euro, isto é, possuem o euro como moeda comum. Um passo decisivo rumo a uma maior integração econômica, jurídica e política dos países que, na época, formavam a UE foi o chamado Tratado de Maastricht (nome da cidade holandesa onde foi assinado, em novembro de 1992). Este tratado deu vida à União propriamente dita, estabelecendo uma série de instituições comuns, definindo as prerrogativas de tais instituições, e fixando critérios que deveriam nortear a política financeira dos Estados membros, como a fixação de uma relação entre dívida pública e PIB, entre déficit público e PIB, a relação entre taxa de inflação em um país e seus vizinhos etc. Em outubro de 1997 foi assinado em Amsterdã, também na Holanda, um novo tratado que pretendia fortalecer a integração política da UE em questões de política externa e de controle das fronteiras, assim como na garantia dos direitos fundamentais dos cidadãos dos Estados membros. Em consequência da ampliação da UE por meio do ingresso dos países da Europa Oriental, fez-se necessário reformular os critérios de composição e escolha da Comissão Europeia, que representa o órgão executivo principal da União. Isto aconteceu com o Tratado de Nice (França), assinado em 2001. O tratado previa, entre outras coisas, a criação de uma Constituição Europeia, da qual foi encarregada uma Convenção Europeia, formada por representantes dos países que já eram membros, daqueles que deveriam tornar-se membros nos anos seguintes, de várias instituições europeias (Parlamento Europeu, Conselho de Europa etc.) e das partes sociais. Con-

XVI

Sobre a constituição da Europa

tudo, a Convenção conduziu seus trabalhos de maneira aberta a um público mais amplo, ouvindo representantes de ONGs, de igrejas ou grupos religiosos etc., assim como cidadãos comuns, que puderam participar de vários fóruns na internet e ao vivo.

Em 2003, a Convenção apresentou o resultado de seus esforços, o "Tratado que estabelece uma Constituição para a Europa", assinado pelos representantes dos países membros em outubro de 2004 no Capitólio, em Roma, ou seja, no mesmo lugar onde fora assinado em 1957 o tratado que deu vida à União Econômica Europeia, núcleo fundador da atual UE. Contudo, a Constituição Europeia, que como por simplicidade passou a ser chamada de Tratado, precisava ser ratificada por cada país conforme a lei ou a tradição própria de cada um deles. Isso explica porque em alguns casos houve referendos, enquanto em outros a ratificação aconteceu no Parlamento nacional sem consulta popular. O texto constitucional não foi aprovado em dois referendos, pelos eleitores franceses e holandeses, em 2005, "congelando" de fato o processo de ratificação. Os países membros resolveram, depois de longos debates, por um tempo renunciar ao projeto de uma constituição comum europeia, redigindo em seu lugar um novo tratado, que modificasse os anteriores (Maastricht e Amsterdã). O tratado, assinado em Lisboa em 2007, representa um ulterior passo adiante na busca de uma maior integração política e de democratização da UE. O tratado inclui um elenco de direitos fundamentais, prevê a instituição de um presidente do Conselho Europeu escolhido por eleição no âmbito do Conselho (e não por rotação entre os países membros, como até agora), atribui mais poder ao Parlamento Europeu e, por meio de vários mecanismos, tenta incluir mais os Parlamen-

XVII

tos nacionais e os cidadãos no processo de decisão política. Recentemente, em consequência da crise financeira (e política) na Grécia e em outros países europeus, em dezembro de 2011 (isto é, depois da publicação do livro de Habermas), foi decidida a criação de uma união fiscal, introduzindo regras muito rígidas para o controle da relação entre déficit público e PIB e sanções para os países que não respeitassem tais regras. O Reino Unido se recusou a assinar os acordos em questão, que, de fato, solapam a soberania dos países membros em questões de política financeira, centralizando as decisões em tal âmbito e atribuindo um enorme poder ao Banco Central Europeu. A instauração da união fiscal tornou ainda mais contundentes as críticas de quem acusa o processo de integração europeia de ser pouco democrático: as decisões políticas mais relevantes seriam tomadas por burocratas não eleitos pelo povo e os processos decisórios seriam pouco ou nada transparentes.

Habermas compartilha com os críticos da integração europeia as preocupações relativas à falta de democracia, mas, ao mesmo tempo, pensa que os déficits democráticos possam e devam ser superados rumo à criação de uma União Europeia integrada politicamente e não somente do ponto de vista econômico, financeiro ou fiscal. Seu ensaio se propõe como uma reflexão sobre esses assuntos. O ponto de partida implícito é o mencionado fracasso da tentativa de aprovação de uma Constituição Europeia. Cabe lembrar que, em ocasião do referendo na França, Habermas escreveu um artigo, publicado em francês, exortando os eleitores a aprovar o texto constitucional. A intervenção de Habermas suscitou muitas polêmicas pelo fato de um intelectual alemão intervir diretamente em uma campanha referendária de outra nação, mas que ele considerava possuir interesse supranacional por ser decisiva para o futuro da Europa.

O ponto de vista tomado por Habermas no ensaio de 2011 é o de um cosmopolitismo que visa à criação de instituições políticas supranacionais de caráter democrático, nos moldes da *cosmopolitan democracy* [democracia cosmopolita] defendida, entre outros, por Daniele Archibugi e David Held. Neste sentido, ele interpreta a UE como um "passo decisivo no caminho para uma sociedade mundial constituída politicamente".[11] Na opinião de Habermas, na discussão sobre a crise econômica e sobre as medidas para combatê-la, se perdeu de vista a "dimensão política" e se utilizaram "conceitos políticos falsos", que "impedem que se perceba a força civilizadora da juridificação democrática – e com isso a promessa que desde o início esteve associada ao projeto de uma constituição europeia".[12] Em outras palavras, Habermas quer retomar a discussão acerca da carta constitucional europeia, que ele considera um elemento irrenunciável para uma Europa verdadeiramente democrática. Destarte, ele se posiciona contra a ideia de que a UE não precisaria de uma constituição escrita, pois os tratados e os acordos que regulamentam o funcionamento das instituições comunitárias representariam já de *per se* uma espécie de constituição, como acontece no Reino Unido (país no qual o lugar da carta constitucional é tomado por uma pluralidade de documentos ou até, na tradicional interpretação de Blackstone,[13] pelos costumes e pelas tradições).

---

11 Ver p.40.

12 Ibid.

13 Blackstone, *Commentaries on the Law of England*.

Jürgen Habermas

Um dos aspetos mais interessantes do ensaio é a insistência com a qual Habermas se refere ao caráter civilizador do direto democrático. "A juridificação democrática *do exercício* da dominação política [...] desencadeou não somente uma força *racionalizadora*", como já tinha salientado, pioneiramente, Max Weber, mas também uma força *"civilizadora*, na medida em que dirimiu o caráter autoritário do poder estatal".[14] Habermas remete, em particular, ao processo de pacificação das relações entre Estados que a integração europeia trouxe consigo; mas essa leitura da história da integração europeia como processo civilizatório é acompanhada também por um prognóstico ligado às potencialidades trazidas à tona por tal integração, que permitiu "a construção de novas capacidades de ação no âmbito supranacional":[15] essas "capacidades transnacionais de controle" são fundamentais, pois somente por meio delas poderão ser controladas as forças responsáveis da crise econômica *e política* pela qual está passando a Europa. O momento civilizatório consiste não somente no caráter pacífico do processo de integração, mas também na função de "domesticação" de "forças sociais naturalizadas", isto é, daquelas forças que estão por trás da ação de determinados sujeitos econômicos (Habermas menciona explicitamente o sistema bancário), e que parecem possuir caráter necessário e inelutável, como se fossem forças naturais. Mas as chamadas leis econômicas não são leis naturais; antes são o resultado de determinadas escolhas políticas (o exemplo clássico são as políticas de desregulamentação e privatização implementadas por políticos como Reagan, Thatcher, Blair,

---

14 Ver p.46.
15 Ver p.48.

Sobre a constituição da Europa

Menem ou Fernando Henrique Cardoso), e Habermas quer justamente submeter ao crivo de uma opinião pública democrática as decisões relativas à esfera da economia e das finanças. Por isso, o diagnóstico de Habermas relativamente à atual situação europeia é o de que a UE se depara com uma decisão dramática, pois ela deve decidir se quer tornar-se definitivamente uma democracia transnacional ou, pelo contrário, seguir rumo a um "federalismo executivo pós-democrático".[16] Isto é: ou bem a UE consegue incluir mais os cidadãos no processo decisório, ou ela se submeterá cada vez mais a um governo tecnocrático sem controle democrático (como, em parte, está acontecendo na Itália com o governo Monti e como acontecerá com a nova união fiscal estabelecida em 2011, na opinião dos chamados eurocéticos, isto é, aqueles que veem com ceticismo o processo de integração europeia).

Para sua argumentação, Habermas é obrigado a redefinir parcialmente dois conceitos centrais do pensamento político moderno: soberania nacional e soberania popular. Os dois conceitos estão entrelaçados, já que até hoje a soberania popular é exercida pelos cidadãos de um Estado nacional. Ora, o surgimento de uma entidade política supranacional levanta vários problemas nesse sentido, já que no âmbito de instituições internacionais (e isso vale não somente para a UE, mas também para as Nações Unidas) as decisões são tomadas sem que haja o mesmo nível de participação popular existente no processo decisório doméstico. Isso implica em uma queda do nível de legitimação.[17] No contexto do pensamento jurídico-político

---

16 Ver p.49.
17 Ver p.52-3.

habermasiano, essa observação não remete à mera legitimação factual, ou seja, à aceitação pacífica por parte da população das decisões tomadas pelos governantes. Esta seria uma mera constatação empírica e a queda de legitimação se apresentaria como problemática somente se ela influenciar negativamente o funcionamento do sistema político. Na realidade, Habermas se refere a um conceito não meramente funcional, mas também normativo de legitimação. Uma decisão legítima é aquela que não se limita a encontrar o consenso factual dos cidadãos, mas uma decisão que *merece* encontrar tal consenso, ou seja, uma decisão sustentada por argumentos e razões válidos. Com isso, Habermas não está defendendo uma posição exclusivamente normativa, já que são os próprios concernidos (e não, por exemplo, uma razão prática universal e objetiva de molde kantiano) a estabelecer quando uma decisão é legítima. Segundo Habermas, está implícito no próprio conceito de democracia o fato de que as decisões sejam tomadas em nome dos cidadãos e legitimadas com base em argumentos acessíveis a cada indivíduo concernido. Em outras palavras, uma democracia pressupõe um debate sobre argumentos no contexto de uma esfera pública o quanto mais inclusiva e aberta a todos. Por isso, haveria um déficit democrático no caso da gestão do poder político no âmbito da UE: para que possa manter sua legitimidade, o processo decisório europeu precisa, portanto, ser realizado de forma mais democrática, ou seja, incluindo mais decididamente os cidadãos.

Seria possível objetar a Habermas que as instituições europeias são legitimadas de maneira indireta, já que seus membros são escolhidos por governos eleitos democraticamente no nível doméstico. Contudo, o déficit democrático identificado por Habermas se dá não tanto na falta de uma eleição direta, embo-

Sobre a constituição da Europa

ra este seja um assunto abordado por ele, mas em dois outros aspectos. Primeiro, no momento em que os Estados membros cedem uma parcela de sua soberania nacional em prol das instituições comunitárias, também os cidadãos são obrigados a renunciar à sua soberania popular – pelo menos nos âmbitos em questão (como no âmbito da política financeira no caso da mencionada união fiscal). O segundo déficit democrático é consequência da distância entre as instituições comunitárias e os cidadãos. Essa distância faz com que não se instaure aquela relação de influência recíproca entre esfera pública informal, por um lado, e órgãos deliberativos institucionalizados, por outro, que caracteriza toda democracia contemporânea. Os dois déficits vão de mãos dadas, já que não pode haver soberania popular sem a existência de uma esfera pública capaz de ampliar o processo decisório, ou seja, capaz de fazer com que tal processo não aconteça somente nas câmaras e nos parlamentos, mas se torne transparente e aberto à discussão, sendo influenciado pela opinião pública geral e não somente por interesses particulares organizados (por *lobbies* ou por entidades patronais etc.).

Isso pode suscitar outra objeção. Um argumento tradicional dos eurocéticos é o de que na Europa não haveria um povo europeu capaz de formar uma esfera pública continental e, portanto, de exercer soberania popular. Habermas opõe a essa visão a constatação de que está surgindo uma sociedade global multicultural integrada de forma sistêmica.[18] Trata-se de um diagnóstico problemático, já que nem sempre tal integração se dá no sentido de um *idem sentire*, de um senso comum de pertença à mesma comunidade política e da existência de um interesse

---

18 Ver p.45.

XXIII

comum a todos os países europeus, como demonstram as lacerações profundas que estão acompanhando a crise da Grécia (na própria Alemanha o teor geral dos comentários na mídia e na opinião pública é o de culpar o governo e o povo gregos e de lamentar os custos com os quais os alemães têm que arcar para ajudar a Grécia, enquanto na Grécia se acusa a Alemanha de estar aproveitando da crise para enriquecer-se à custa dos países endividados).

Habermas está convencido de que o Tratado de Lisboa aproxima a UE de uma democracia transnacional.[19] Para sustentar essa afirmação, Habermas não se dedica a uma análise minuciosa do Tratado e de suas implicações, mas releva duas importantes inovações. A primeira diz respeito à divisão dos poderes e ao monopólio do uso da força no contexto europeu. Estamos perante uma constelação inédita, já que a União Europeia, "no exercício de suas competências legislativas e judicativas [...] vincula os Estados membros como órgãos executivos, sem dispor de seus potenciais de sanção", pois o monopólio da violência permanece como atributo dos Estados. Esse monopólio, contudo, pode servir para implementar no plano nacional o direito europeu.[20] Em outras palavras: o direito europeu possui a primazia em relação aos direitos nacionais, mas a União não dispõe do poder executivo necessário para implementá-lo e deve apoiar-se para isso no uso interno da força por parte dos Estados membros. Trata-se, na realidade, de um aspecto problemático, pois é frequente que os países membros não respeitem as decisões tomadas no nível comunitário. Na ausência de

---

19 Ver p.58.
20 Ver p.62.

XXIV

Sobre a constituição da Europa

mecanismos de sanção internacionais, o risco é de que o poder legislativo e judicativo da União permaneça meramente formal. Contudo, segundo Habermas, essa prioridade do direito europeu sobre o direito nacional, na permanência do monopólio nacional do uso da força, representa um passo importante rumo à mencionada civilização por meio da juridificação, pois cria e fortalece a relação de dependência recíproca dos Estados membros entre si e entre todos eles e a União.

Para explicar a segunda inovação, o próprio Habermas recorre ao exemplo dos EUA e ao debate que acompanhou a ratificação da Constituição de 1787. Naquele contexto, prevaleceu a ideia de que os sujeitos dotados de poder constituinte eram, por um lado, os Estados e, por outro, os cidadãos, ainda que não ficasse claro se a expressão "We, the People", se referisse aos cidadãos da nascente união federativa ou aos cidadãos dos treze Estados. Em consequência disso, foram criadas instituições legislativas que expressassem respectivamente a vontade dos cidadãos (o Congresso) e dos Estados (o Senado) – um modelo retomado também no Brasil. Na Europa, também é forte a visão de que o poder constituinte estaria dividido entre os Estados membros e os cidadãos. Habermas contesta essa visão e atribui o poder constituinte unicamente aos cidadãos, considerados, porém, em seu duplo papel de futuros cidadãos da União e de membros do povo de um Estado membro. Por isso, observa Habermas, a Constituição da União Europeia preserva, "como todas as ordens jurídicas modernas, um caráter estritamente individualista: ela se baseia *em última instância* nos direitos subjetivos dos cidadãos".[21] Em suma, a proposta habermasiana parece deixar

---

21 Ver p.72.

de lado os Estados nacionais, sem com isso renunciar à ideia de soberania nacional, já que esta última se expressa na vontade dos cidadãos como membros de um povo e, ao mesmo tempo, cidadãos europeus.

A referência ao "caráter individualista" da Constituição Europeia e a insistência sobre a função que cada Estado tem em garantir os direitos individuais poderiam ser vistas como provas da chamada guinada liberal (no sentido de um liberalismo *político*, contudo, e não de um neoliberalismo econômico) que Habermas teria imprimido ao seu pensamento desde a publicação de *Direito e democracia*, mas representam também uma tentativa de aplicar no nível da constituição de uma comunidade supranacional a ideia (formulada naquela obra) de uma cooriginariedade dos direitos ligados ao exercício da própria autonomia privada (liberdades, direitos negativos etc.) e dos direitos ligados ao exercício da autonomia pública (direitos de participação política etc.). No nível europeu, como no nacional, o poder de constituir a comunidade política e de dar-lhe uma lei fundamental é dos cidadãos como indivíduos, ainda que se trate de um poder que só pode ser exercido em comum com os demais.

Isso responde à questão mencionada anteriormente de quem seria o sujeito de "We, the People" no caso europeu: os indivíduos como cidadãos de seu Estado nacional e como cidadãos europeus. Ao falar em "soberania dividida",[22] Habermas acaba quase descrevendo uma figura de *cidadão* "dividido" – dividido entre sua pertença à comunidade nacional e à mais ampla comunidade europeia. Essa cisão pode assumir caráter dramático

---

22 Ver p.74.

Sobre a constituição da Europa

quando o indivíduo tiver a percepção de que é chamado a escolher entre o interesse nacional e o interesse europeu, como no caso dos cidadãos gregos ou dos próprios alemães (os primeiros, que se veem obrigados a sofrer pelos cortes drásticos impostos pela UE ao seu governo; os segundos, que se sentem obrigados a contribuir para resolver os problemas provocados, a seu ver, pela incompetência do governo grego). Uma das dificuldades maiores na formação de uma esfera pública europeia consiste justamente em fazer com que os cidadãos europeus sejam capazes de superar seu egoísmo nacional e de pensar em termos mais amplos do que os confins nacionais, isto é, de desenvolver uma forma de solidariedade para com os cidadãos de outros países (solidariedade que, como sabem os leitores de *Direito e democracia*, representa um recurso fundamental para a subsistência de uma comunidade política estável e coesa). Em outras palavras, os cidadãos europeus devem aprender a ser solidários entre si. Um papel importante neste sentido pode ser desempenhado pela própria crise econômica, já que ela coloca os indivíduos perante problemas que atingem a todos, ainda que de forma diversa, e que precisam de uma solução comum. Por isso, Habermas observa: "A expansão supranacional da *solidariedade civil* depende de *processos de aprendizagem* que, como a crise atual permite esperar, podem ser estimuladas pela percepção das necessidades econômicas e políticas".[23] O processo de aprendizagem desencadeado pela crise não se limita, contudo, aos indivíduos, já que os próprios governos nacionais são obrigados a reconhecer a necessidade de uma ação unitária em relação às políticas econômicas e financeiras. Essa ação de governo deveria

---

23 Ver p.84. Grifo de Pinzani.

XXVII

acontecer sob o signo de uma maior integração política e democrática, de uma reforma institucional que dê mais poder aos órgãos europeus escolhidos democraticamente pelos cidadãos e que leve a uma reforma em sentido democrático de órgãos como a Comissão Europeia.

Habermas vê na crise uma chance de democratização não somente do processo de integração europeia, mas também de criação de uma comunidade política transnacional em nível global. Retomando um tema já abordado em outras obras, Habermas vê nas Nações Unidas um importante instrumento de ação política global, mas, ao mesmo tempo, salienta a especificidade de tal ação, já que as "Nações Unidas deveriam ser reorganizadas como uma comunidade politicamente constituída de Estados *e* cidadãos e simultaneamente ser limitadas às funções centrais da garantia da paz e da imposição global dos direitos humanos".[24] Longe de constituir-se em um parlamento mundial com poder legislativo geral (eventualmente com o Conselho de Segurança como governo mundial), elas deveriam limitar-se a uma operação de policiamento e de defesa dos direitos humanos (Habermas pensa nas liberdades fundamentais e, eventualmente, nos direitos políticos, já que a "imposição global" de direitos sociais parece, no momento, tarefa inviável). Por isso, Habermas defende uma reforma democrática da ONU, da qual expõe os pontos principais.

Conforme o que acontece (ou deveria acontecer) no nível europeu, os indivíduos são vistos como divididos entre diferentes perspectivas: cidadãos de seus Estados nacionais, por um lado, e cidadãos do mundo, por outro. Com isso, Habermas ecoa o

---

24 Ver p.93.

XXVIII

Sobre a constituição da Europa

ponto de vista de autores clássicos (Kant) e contemporâneos.[25] Contudo, neste caso, diferentemente do que previsto para a União Europeia, o poder constituinte não estaria somente nas mãos dos cidadãos "divididos", mas também naquelas dos Estados nacionais, já que os cidadãos "podem nutrir o desejo fundamentado de que seus Estados nacionais se mantenham como entidades coletivas nos respectivos níveis superiores de organização".[26] Não fica claro, contudo, por que os cidadãos europeus não podem ter o mesmo desejo e por que os Estados membros da UE recebem um tratamento diferente daquele dado aos membros da comunidade global. A circunstância mencionada por Habermas de que os cidadãos podem não querer renunciar ao bem-estar social garantido pelos seus Estados nacionais vale, ao final, também para os países europeus que garantem os direitos sociais de seus cidadãos em formas e graus diferentes.

Mais radical ainda é a proposta de uma integração democrática dos *global players* segundo o modelo da União Europeia, de maneira a criar, no médio prazo, uma sociedade global socialmente justa. Neste caso, estamos perante uma verdadeira exigência moral, já que, como afirma Habermas, "todo sentimento moral resiste contra a injustiça monstruosa de uma sociedade mundial altamente estratificada em que hoje bens e oportunidades vitais elementares são desigualmente partilhados de modo insuportável".[27] Mais uma vez, o instrumento principal é o governo democrático da esfera da economia e das finanças.

---

25 Por exemplo, Otfried Höffe, autor de um livro chamado *Wirtschaftsbürger, Staatsbürger, Weltbürger*, que vê no indivíduo o cidadão de três diferentes esferas: a econômica, a do Estado nacional e a do mundo globalizado.

26 Ver p.95.

27 Ver p.105.

XXIX

Jürgen Habermas

Assim, a implementação de direitos humanos que garantam igual dignidade para cada um, evocada no primeiro ensaio, encontra seu instrumento nas instituições de uma democracia cosmopolita esboçada no segundo ensaio. A Constituição Europeia oferece a Habermas, portanto, a ocasião para melhor formular sua visão de uma sociedade global democrática e justa. De modo significativo, em tal formulação não há praticamente espaço para aquela teoria do discurso da qual o autor é um dos principais representantes. A ideia de uma comunidade discursiva global que decide livremente sobre quais direitos fundamentais garantir-se reciprocamente (ideia que deveria ser a consequência direta da assunção de uma perspectiva discursiva) parece substituída aqui por uma ideia transcendente de justiça que aguarda sua realização jurídica e é justificada por razões morais não ligadas ao consenso alcançado por um discurso moral entre os concernidos, como exigiria a teoria do discurso. Mais precisamente, tal justificação se dá pelo apelo à igual dignidade de cada um, que se impõe com uma força superior a qualquer outro tipo de argumento (dignidade, portanto, que é definida independentemente de qualquer referência ao consenso entre os concernidos, ao princípio do discurso ou às regras do discurso).[28] Se esta leitura estiver correta, tratar-se-ia de uma mudança importante, que aproxima nosso autor daqueles defensores de teorias normativas da justiça por ele rechaçadas anteriormente. Embora tenha chegado aos 83 anos, Habermas não permanece petrificado em suas

---

28 Sobre a teoria do discurso, permito-me remeter a Pinzani, *Habermas*, assim como a Dutra, *Razão e consenso em Habermas. A teoria discursiva da verdade, da moral, do direito e da biotecnologia*.

XXX

posições filosóficas, e não hesita a submetê-las a novos ajustes e modificações.

Referências bibliográficas

BLACKSTONE, W. *Commentaries on the Law of England*. Oxford: Clarendon Press, 1765-1769.

DUTRA, D. V. *Razão e consenso em Habermas. A teoria discursiva da verdade, da moral, do direito e da biotecnologia*. Florianópolis: Editora da UFSC, 2005.

HABERMAS, J. *Direito e democracia*: entre facticidade e validade. 2.v. Rio de Janeiro: Tempo Brasileiro, 2003. (Coleção Tempo Universitário, v.101 e 102.) [Ed. alemã: *Faktizität und Getung*. Frankfurt aam Main: Suhrkamp, 1992.]

HABERMAS, J. Kants Idee des ewigen Friedens – aus dem historischen Abstand von 200 Jahren. In: _____. *Die Einbeziehung des Anderen*. Frankfurt am Main: Suhrkamp, 1996. p.192-236.

HABERMAS, J. Zur Legitimation durch Menschenrechte. In: _____. *Die postnationale Konstellation*. Frankfurt am Main: Suhrkamp, 1998. p.170-92.

HÖFFE, O. *Wirtschaftsbürger, Staatsbürger, Weltbürger*. München: Beck, 2004.

HONNETH, A. *Luta por reconhecimento*. Trad. de Luiz S. Repa. São Paulo: Editora 34, 2003.

MAIA, A. C. *Jürgen Habermas filósofo do direito*. Rio de Janeiro: Renovar, 2008.

MOREIRA, L. *Fundamentação do direito em Habermas*. Belo Horizonte: Mandamentos, 1999.

NOBRE, M.; TERRA, R. (orgs.). *Direito e democracia. Um guia de leitura de Habermas*. São Paulo: Malheiros, 2008.

PINZANI, A. *Habermas*. Porto Alegre: Artmed, 2009.

Prefácio

Desde 2008, observamos os árduos processos de aprendizagem do governo alemão, movendo-se relutante e, a passos curtos, em direção à Europa. Após dois anos e meio de insistência inicial por caminhos nacionais isolados, de barganha por ajuda financeira, de sinais ambíguos e de concessões adiadas, parece se impor finalmente a visão de que fracassou o sonho do ordoliberalismo quanto a critérios de estabilidade livremente acordados que deveriam ser seguidos pelos orçamentos nacionais dos países membros. O sonho de ter "mecanismos" que tornariam supérflua a formação da vontade política comum e que manteriam a democracia sob controle se estilhaçou não apenas por conta das diferentes culturas econômicas, mas sobretudo por causa das constelações rapidamente cambiantes de ambientes imprevisíveis. Hoje todos falam de "falhas de construção" de uma união monetária que carece das necessárias competências políticas de controle. Ao mesmo tempo, cresce o discernimento de que os tratados da União Europeia têm de ser modificados; porém, falta uma perspectiva clara.

Os planos mais recentes em circulação atribuiriam o governo comum dos 17 países do euro ao círculo dos chefes de Estado, ou seja, a um "núcleo" do Conselho Europeu. Uma vez que esse órgão de direção não pode tomar decisões juridicamente vinculativas, as considerações se concentram no tipo de sanções que deveriam ser aplicadas aos governos "desobedientes". Mas, afinal, quem deveria precisamente impor a quem a obediência a respeito de resoluções sobre quais conteúdos? Depois que os rigorosos critérios de estabilidade para o prometido "pacto pela Europa" foram ampliados e flexibilizados, as decisões do Conselho Europeu devem se estender ao espectro amplo de todas aquelas políticas que podem ter influência na competitividade global das economias nacionais afastadas e divergentes. Os acordos europeus interfeririam, portanto, no âmago dos parlamentos nacionais – na política financeira e econômica, passando pela política social até chegar à política educacional e à do mercado de trabalho. Explicitamente se imagina o procedimento de tal modo que os chefes de Estado organizam, sob ameaça de penalização, as maiorias em seus respectivos parlamentos nacionais, a fim de impor politicamente todos os objetivos acordados com seus colegas em Bruxelas. Esse tipo de federalismo executivo de um Conselho Europeu dos 17 que autoriza a si mesmo seria o modelo de um exercício de dominação pós-democrática.

Como era de se esperar, contra esse esvaziamento intergovernamental da democracia, uma oposição surge de dois lados. Os defensores do Estado nacional veem seus piores receios confirmados, entrincheirando-se atrás da fachada de uma soberania estatal, mesmo que perfurada há muito tempo. Contudo, na crise atual, acabaram perdendo o apoio do *lobby* econômico, que

Sobre a constituição da Europa

até agora tem se interessado em manter, na medida do possível, a moeda e o mercado comuns livres das intervenções políticas. Do outro lado, manifestam-se novamente os defensores, há muito tempo calados, dos "Estados Unidos da Europa", os quais, com essa imagem enfática, prestam um desserviço a seu próprio objetivo de alavancar a integração, a começar pelo núcleo da Europa. Pois, desse modo, a oposição justificada contra o caminho escorregadio de um federalismo executivo burocrático enreda-se na alternativa sem saída entre Estado nacional e Estado federal europeu. Tampouco seria melhor um federalismo vago que nega de modo indeterminado essa falsa alternativa.

Com meu ensaio sobre a "constituição" da Europa – constituição tanto no sentido de estado atual como no de constituição política – quero mostrar, por um lado, que a União Europeia do Tratado de Lisboa não está tão distante da configuração de uma democracia transnacional, como pensam muitos de seus críticos. Por outro, pretendo esclarecer por que a falha na construção da união monetária não pode ser remediada sem uma alteração no Tratado. A agora planejada coordenação das decisões dos Estados membros da União Monetária Europeia em campos políticos importantes exige uma base de legitimação ampliada. Todavia, a constituição de um Estado Federal não é o modelo adequado para tal democracia transnacional. Tão logo considerarmos a União Europeia como sendo elaborada, a partir de boas razões, por dois sujeitos constituintes iguais, a saber, cooriginariamente pelos cidadãos (!) e pelos povos dos Estados europeus (!), reconheceremos a arquitetônica da comunidade supraestatal e, no entanto, democrática. Precisamos, portanto, extrair apenas as consequências corretas do desenvolvimento sem precedentes do direito europeu desde a metade do século passado.

Mas as elites políticas ainda se retraem diante dos grandes obstáculos de uma alteração no Tratado. Certamente, essa hesitação não se justifica somente por interesses oportunistas pela manutenção do poder e por falta de liderança. Os receios gerados pela economia tornam os problemas da Europa mais fortemente presentes na consciência das populações, adquirindo mais do que nunca um significado existencial maior. As elites políticas deveriam tomar esse impulso incomum de tematização como uma oportunidade, reconhecendo aí o caráter extraordinário da situação atual. Mas também as elites políticas se tornaram há muito tempo uma elite funcional: não estão mais preparadas para uma situação sem limites que escapa da abordagem administrativa usual, baseada em pesquisas de opinião, e que exige um outro modo de política, uma outra configuração da mentalidade política.

Pretendo, com meus recursos, fazer a tentativa de tirar do caminho certos bloqueios mentais que ainda persistem a respeito de uma transnacionalização da democracia. Para isso situo a unificação europeia no contexto de longo prazo de uma juridificação democrática e de uma civilização do poder estatal. A partir dessa perspectiva, deve se tornar claro que a pacificação das nações beligerantes – ou seja, o objetivo que depois da Segunda Guerra Mundial não motivou apenas a fundação das Nações Unidas, mas também a unificação europeia – formou a base inicial para um objetivo mais abrangente, a saber, a construção de capacidades de ação política para além dos Estados nacionais. Há muito tempo que a constitucionalização do direito das gentes não está mais orientada apenas àquela pacificação que se encontrava também no início do desenvolvimento da União Europeia. A implosão das ilusões neoliberais promoveu a concepção segundo a qual os mercados financeiros, principalmente os sistemas funcionais que perpassam as fronteiras nacionais, criam situações problemáticas na sociedade mundial que os Estados individuais – ou as coalizões de Estados – não conseguem mais dominar. A política como tal, a política no singular, é desafiada em certa medida por tal necessidade de regulamentação: a comunidade *internacional* dos Estados tem de progredir para uma comunidade *cosmopolita* de Estados e dos cidadãos do mundo.

Ao ensaio sobre a constituição da Europa, anteponho um texto (já publicado num periódico especializado) que examina o vínculo do conceito sistemático de direitos humanos com o conceito genealógico de dignidade humana. "Genealógico" no sentido de que as experiências da dignidade humana violada promovem uma dinâmica conflituosa de indignação que dá um impulso renovado à esperança de uma institucionalização global dos direitos humanos, ainda tão improvável. A perspectiva de uma sociedade mundial constituída politicamente perde algo de sua aparência de utopia quando nos lembramos que, há poucas décadas, a retórica e a política dos direitos humanos desenvolveram efetivamente uma eficácia global. Já desde os dias da Revolução Francesa revela-se implicitamente na diferença plena de tensão entre os direitos do cidadão e os direitos humanos a pretensão [*Anspruch*] a uma imposição global de direitos iguais para cada um. Essa pretensão cosmopolita significa que o papel dos direitos humanos não pode se esgotar na crítica moral das relações injustas de uma sociedade mundial altamente estratificada. Os direitos humanos dependem de sua incorporação institucional em uma sociedade mundial constituída politicamente.

Jürgen Habermas

As três intervenções documentadas no adendo podem ser lidas como comentários àquela imagem etnocêntrica da Europa que se espelha na percepção autocentrada da Alemanha reunificada.

Starnberg, início de setembro de 2011
Jürgen Habermas

O conceito de dignidade humana
e a utopia realista dos direitos humanos[*]

A Declaração Universal dos Direitos Humanos, promulgada pelas Nações Unidas em 10 de dezembro de 1948, começa no artigo I com o princípio: "todos os seres humanos nascem livres e iguais em dignidade e direitos".[1] O preâmbulo também menciona, em um mesmo fôlego, a dignidade humana e os direitos humanos. Confirma a "fé nos direitos fundamentais do Homem, na dignidade e no valor da pessoa humana".[2] A lei

---

[*] Ensaio impresso na *Deutschen Zeitschrift für Philosophie* [*Revista Alemã de Filosofia*] (v.58, 2010, p.343-57) e, em formato reduzido (com o título de "O declive utópico"), nos *Blättern für deutsche und internationale Politik* [*Folha de política alemã e internacional*] (v.8, 2010, p.43-53). Para a publicação neste volume, ele foi revisto uma vez mais pelo autor. Título original: "Das Konzept der Menschenwürde und die realistische Utopie der Menschenrechte".

1 *"All human beings are born free and equal in dignity and rights."* Na primeira sentença o preâmbulo exige simultaneamente o reconhecimento da *"inherent dignity"* [dignidade inerente] e dos *"equal and inalienable rights of all members of the human family"* [direitos iguais e inalienáveis de todos os membros da família humana].

2 *"The peoples of the United Nations have in the Charter reaffirmed their faith in fundamental human rights, in the dignity and worth of the human person."*

fundamental da República Federal da Alemanha, promulgada há mais de sessenta anos, começa com uma seção sobre os direitos fundamentais, e no artigo I recomeça com a afirmação: "A dignidade do ser humano é inviolável". Antes disso, formulações semelhantes estavam presentes em três das cinco constituições dos Estados alemães promulgadas entre 1946 e 1949. A dignidade humana desempenha também hoje um papel proeminente nos discursos dos direitos humanos e na jurisprudência.[3]

A inviolabilidade da dignidade humana dominou a esfera pública alemã em 2006, quando o Tribunal Constitucional Federal considerou inconstitucional "a Lei de Segurança Aérea" promulgada pelo parlamento alemão. Na época, o parlamento tinha em mente o cenário do "11 de Setembro", ou seja, o ataque terrorista às torres gêmeas do World Trade Center. Pretendia autorizar as forças armadas a, em situação semelhante, abater aviões de passageiros transformados em bombas, de modo a proteger um número indefinidamente maior de pessoas ameaçadas em solo. Porém, segundo a concepção do Tribunal, a morte de passageiros por meio de órgãos estatais seria inconstitucional. O dever do Estado (segundo o artigo 2, inciso 2 da Constituição Federal)[4] de proteger a vida das potenciais vítimas de um ataque terrorista não pode vir antes do dever de respeitar a dignidade humana dos passageiros: "quando suas vidas são colocadas unilateralmente à disposição do Estado, nega-se

---

[Trad.: "Os povos das Nações Unidas reafirmam, na Carta, sua fé nos direitos fundamentais do Homem, na dignidade e no valor da pessoa humana".]

3 Denninger, Der Menschenwürdesatz im Grundgesetz und seine Entwicklung in der Verfassungsrechtsprechung, p.397-411.

4 "Cada um tem o direito à vida e à integridade física."

aos passageiros à bordo do avião o valor que é devido aos seres humanos em vista de seu próprio bem".[5] O eco do imperativo categórico de Kant é evidente nessas palavras do Tribunal. O respeito à dignidade humana de cada pessoa proíbe o Estado de dispor de qualquer indivíduo apenas como meio para outro fim, mesmo se for para salvar a vida de muitas outras pessoas.

É interessante a circunstância em que somente após o final da Segunda Guerra Mundial o conceito filosófico de dignidade humana, que entrou em cena já na Antiguidade e adquiriu em Kant sua acepção válida atualmente, tenha sido introduzido nos textos do direito das gentes e nas diferentes constituições nacionais desde então em vigor. Em um tempo relativamente curto, ele veio a desempenhar um papel central também na jurisprudência internacional. Em contrapartida, o conceito de dignidade humana como conceito jurídico não aparece nem nas declarações clássicas dos direitos humanos do século XVIII, nem nas codificações do século XIX.[6] Por que no direito o discurso dos "direitos humanos" surgiu tão mais cedo do que o da "dignidade humana"? Com certeza, os documentos de fundação das Nações Unidas, que estabelecem expressamente o vínculo dos direitos humanos com a dignidade humana, foram uma

---

5 BVerG, I BvR 357/05 de 15 de fevereiro de 2006, Inciso 124; sobre esse julgamento, cf. Von Bernstorff, Pflichtenkollision und Menschenwürdegarantie. Zum Vorrang staatlicher Achtungspflichten im Normbereich von Art. I GG, *Der Staat*, p.21-40. [BVerfG corresponde a Bundesverfassungsgericht – Tribunal Constitucional Alemão; e BvR, a Verfassungsbeschwerde – recurso constitucional promovido por qualquer um que considere que seus direitos fundamentais foram feridos pelo poder público. – N. T.]

6 Cf. McCrudden, Human Dignity and Judicial Interpretation of Human Rights, *The European Journal of International Law*, p.655-724.

resposta evidente aos crimes de massa cometidos sob o regime nazista e aos massacres da Segunda Guerra Mundial. Explica-se por isso o papel proeminente que a dignidade humana assume nas constituições pós-guerra da Alemanha, Itália e Japão, isto é, nos regimes que sucederam aos dos que causaram essa catástrofe moral do século XX e dos que foram seus aliados? É somente no contexto histórico do holocausto que a ideia de *direitos humanos* é depois carregada (e possivelmente sobrecarregada) moralmente com o conceito de *dignidade humana*?

A carreira tardia do conceito de dignidade humana nas discussões sobre direito constitucional e direito das gentes tende a apoiar essa ideia. Só existe uma exceção na metade do século XIX. No contexto dos debates sobre a abolição da pena de morte e da punição corporal, afirma-se no § 139 da Constituição de Frankfurt [*Paulskirchenverfassung*] de março de 1849: "um povo livre deve respeitar a dignidade humana mesmo no caso do criminoso".[7] Contudo, essa constituição, que foi o produto da primeira revolução burguesa na Alemanha, não entrou em vigor. De um modo ou de outro, a assimetria temporal entre a história dos *direitos* humanos que remonta ao século XVII e o surgimento recente do conceito de *dignidade* humana nas codificações do direito das gentes, bem como nas decisões jurídicas do último século, permanece um fato digno de nota.

Em contraposição à suposição de que foi atribuída retrospectivamente uma carga moral ao conceito de direitos humanos por meio do conceito de dignidade humana, pretendo defender a tese de que, desde o início, mesmo que ainda primeiro de modo

---

7 Denninger, Der Menschenwürdesatz im Grundgesetz und seine Entwicklung in der Verfassungsrechtsprechung, p.397.

Sobre a constituição da Europa

implícito, havia um vínculo conceitual entre ambos os conceitos. Direitos humanos sempre surgiram primeiro a partir da oposição à arbitrariedade, opressão e humilhação. Hoje ninguém pode pronunciar algum desses artigos veneráveis – por exemplo, o princípio: "ninguém será submetido a tortura nem a penas ou a tratamentos cruéis, desumanos ou degradantes" (Declaração Universal dos Direitos Humanos, artigo 5)[8] – sem ouvir o eco que ressoa do grito de incontáveis criaturas humanas torturadas ou assassinadas. O apelo aos direitos humanos alimenta-se da indignação dos humilhados pela violação de sua dignidade humana. Se esse vínculo conceitual se encontra já no início, ele deve poder ser demonstrado também no próprio desenvolvimento do direito. Primeiro, temos de responder então à questão se "dignidade humana" é a expressão para um conceito fundamental normativamente substantivo, a partir do qual os direitos humanos podem ser deduzidos por meio de uma especificação das condições de violação da dignidade humana, ou se é apenas a expressão vazia para um catálogo de direitos humanos individuais, espalhados e não relacionados.

Mencionarei algumas razões teóricas jurídicas para sustentar que a dignidade humana não é uma expressão classificatória posterior, ou uma espécie de simulacro por detrás do qual se esconde uma multiplicidade de fenômenos diferentes, mas sim a "fonte"[9] moral da qual os direitos fundamentais extraem seu conteúdo (I). Em seguida, pretendo examinar, sob pontos de vista sistemá-

---

8 *"No one shall be subjected to torture or to cruel, inhuman or degrading treatment or punishment."*

9 "A inviolabilidade da dignidade do ser humano é a fonte de todo direito fundamental", como é dito no artigo 14, inciso 2 da Constituição do Estado Livre da Saxônia no ano de 1992.

ticos e histórico-conceituais, o papel catalisador desempenhado pelo conceito de dignidade na composição dos direitos humanos a partir da moral racional e da forma do direito [*Rechtsform*] (2). Por fim, a origem dos direitos humanos a partir da fonte moral da dignidade humana explica a força política explosiva de uma utopia concreta, que pretendo defender contra a rejeição total dos direitos humanos (Carl Schmitt) e também contra as tentativas mais recentes de atenuar seu conteúdo radical (3).

(I)

Em virtude de sua universalidade abstrata, os direitos humanos precisam ser concretizados em cada caso particular. Com isso, legisladores e juízes chegam a resultados muito distintos em contextos culturais diferentes. Atualmente, um bom exemplo disso é a regulação de questões éticas controversas como a eutanásia, o aborto ou a manipulação eugênica da herança genética. Ao mesmo tempo, é menos controverso que os conceitos jurídicos universais, em razão dessa carência de interpretação, são mais apropriados para a formação de compromissos negociados. Assim, na fundação das Nações Unidas, principalmente na negociação de pactos sobre os direitos humanos e nas convenções do direito das gentes, o apelo ao conceito de dignidade humana sem dúvida facilitou a produção de um consenso sobreposto entre as partes de diferentes origens culturais. "Cada um podia concordar com a posição de que a dignidade humana tinha um significado central, mas não por que e de que forma."[10]

---

10 McCrudden, Human Dignity and Judicial Interpretation of Human Rights, *The European Journal of International Law*, p.678.

Mas isso não basta para o sentido jurídico da dignidade humana se esgotar na função de uma cortina de fumaça, por detrás da qual as diferenças mais profundas desapareceriam provisoriamente. A função de compromisso, que a dignidade humana desempenhou no decurso da diferenciação e da difusão dos direitos humanos, e ocasionalmente também na neutralização de diferenças instransponíveis, não consegue explicar seu surgimento tardio *como* conceito jurídico. Pretendo mostrar que as condições históricas modificadas converteram em tema e tornaram consciente algo que já estava inscrito nos direitos humanos desde o início — a saber, aquela substância normativa da dignidade humana igual de cada um, que foi, por assim dizer, explicitada pelos direitos humanos. Assim, juízes recorrem à proteção da dignidade humana quando, por exemplo, diante dos riscos imprevisíveis causados pelas novas tecnologias invasivas, introduzem um direito à autodeterminação informacional. O Tribunal Constitucional Federal [da Alemanha] procedeu de modo semelhante em sua decisão inovadora de 9 de fevereiro de 2010 para determinar o direito aos benefícios a partir do § 20, inciso 2 SGB* II (do seguro-desemprego II).[11] Por ocasião disso "derivou-se" do artigo 1 da lei fundamental um direito fundamental a um mínimo existencial que possibilita ao favorecido (e seus filhos) uma "participação adequada na vida social, cultural e política".[12]

---

* SGB é abreviação de *Sozialgesetzbuch*, codificação da justiça social alemã. (N. T.)

11 BVerG, I Bvl 1/09 de 9 de fevereiro de 2010. [Bvl refere-se a *Normenkontrolle auf Vorlage der Gerichte*, controle de normas para apresentação judicial. — N. T.]

12 Ibid., inciso 135.

A experiência da violação da dignidade humana tem uma função de descoberta – por exemplo, em vista das condições sociais de vida insustentáveis e da marginalização das classes sociais empobrecidas; em vista do tratamento desigual de mulheres e homens no mercado de trabalho, da discriminação de estrangeiros, de minorais culturais, linguísticas, religiosas e raciais; também em vista do sofrimento de mulheres jovens de famílias de imigrantes que precisam se libertar dos códigos de honra tradicionais; ou diante da expulsão brutal de imigrantes ilegais ou dos que buscam asilo. À luz dos desafios históricos, em cada momento são atualizadas *outras* dimensões do sentido da dignidade humana. Essas características da dignidade humana, especificadas em cada ocasião, podem levar tanto a uma *maior* exploração do conteúdo normativo dos direitos fundamentais assegurados, como ao descobrimento e à construção de *novos* direitos fundamentais.[13] Com isso a intuição implícita no pano de fundo penetra de início a consciência dos atingidos e depois os textos do direito, para então ser conceitualmente articulada.

A constituição da República de Weimar de 1919, que introduziu os direitos sociais, fornece um exemplo para esse desdobramento paulatino. O artigo 151 trata da "garantia de uma existência humana digna para todos". Aqui o conceito de dignidade humana se esconde ainda no uso predicativo de uma palavra usada no cotidiano; contudo, em 1944, em um contexto semelhante, a Organização Internacional do Trabalho

---

13 Em casos semelhantes, McCrudden fala da "necessidade de justificar a criação de novos direitos e a expansão dos direitos existentes". McCrudden, Human Dignity and Judicial Interpretation of Human Rights, *The European Journal of International Law*, p.721.

(OIT) usa a retórica da dignidade humana sem abreviações.[14] E alguns anos mais tarde, a Declaração Universal dos Direitos Humanos, no artigo 22, já exige a garantia de direitos econômicos, sociais e culturais, de modo que cada um possa viver sob condições que são "indispensáveis para sua dignidade e ao livre desenvolvimento de sua personalidade".[15] Desde então falamos de diferentes "gerações" de direitos humanos. A partir da função heurística da dignidade humana, revela-se também o vínculo lógico das quatro categorias de direitos conhecidas: os direitos fundamentais apenas podem resgatar politicamente a promessa moral de respeitar a dignidade humana de cada um se eles *interagirem igualmente* em todas as suas categorias.[16]

Os *direitos liberais de liberdade*, que se cristalizaram em torno da inviolabilidade e da liberdade de ir e vir da pessoa, da livre

---

14 Na declaração sobre os objetivos e as finalidades da Organização Internacional do Trabalho, promulgada na Filadélfia em 10 de maio de 1944, afirma-se no inciso 2º: "Todos os seres humanos, independentemente de sua raça, credo e sexo, têm o direito de buscar o bem-estar material e o desenvolvimento espiritual em liberdade e dignidade, em segurança econômica e em condições favoráveis iguais".

15 *"Everyone, as a member of society, has the right to social security and is entitled to realization, thorough national effort and international co-operation and in accordance with the organization and resources of each State, of the economic, social and cultural rights indispensable for his dignity and the free development of his personality."* [Trad.: "Toda pessoa, como membro da sociedade, tem direito à segurança social e à realização, pelo esforço nacional, pela cooperação internacional e de acordo com a organização e recursos de cada Estado, dos direitos econômicos, sociais e culturais indispensáveis à sua dignidade e ao livre desenvolvimento da sua personalidade".]

16 Lohman, Die Menschenrechte: Unteilbar und gleichgewichtig? – Eine Skizze, p.5-20.

relação de mercado e do livre exercício da religião e que servem para impedir a intromissão do Estado na esfera privada, formam, com os *direitos de participação democrática*, o conjunto dos assim chamados direitos fundamentais clássicos. Mas, de fato, os cidadãos só conseguem fazer uso desses direitos em igualdade de oportunidades quando ao mesmo tempo é assegurado que os cidadãos sejam suficientemente independentes em sua existência privada e econômica, capazes tanto de formar quanto de estabilizar sua identidade pessoal nos respectivos ambientes culturais que desejarem. Experiências de exclusão, sofrimento e discriminação ensinam que os direitos fundamentais clássicos só adquirem "um valor igual" (Rawls) para todos os cidadãos quando acrescidos de *direitos sociais e culturais*. As reivindicações por uma participação adequada na prosperidade e na cultura estabelecem limites estreitos a fim de evitar que os custos e os riscos *gerados sistemicamente* recaiam sobre os destinos individuais. Essas reivindicações se voltam contra o alargamento das grandes diferenças sociais e contra a exclusão de grupos inteiros do circuito integral da cultura e da sociedade. Uma política como a que predominou nas últimas décadas, não apenas nos EUA e na Inglaterra, mas também no continente europeu, e mesmo no mundo inteiro, que pretende ser capaz de assegurar uma vida autodeterminada aos cidadãos *primariamente* por meio de garantias de liberdades econômicas, destrói o equilíbrio entre as diferentes categorias de direitos fundamentais. A dignidade humana, que é uma e a mesma em todo lugar e para cada um, fundamenta a *indivisibilidade* dos direitos fundamentais.

A partir desse desenvolvimento, explica-se também a proeminência que esse conceito tem alcançado na jurisprudência. Quanto mais fortemente os direitos fundamentais penetram o

Sobre a constituição da Europa

todo do sistema jurídico, mais frequentemente estendem sua influência para além das relações verticais dos cidadãos individuais com o Estado, permeando as relações horizontais entre os cidadãos individuais. Com isso aumentam as colisões que exigem uma ponderação entre reivindicações de direitos concorrentes.[17] Em tais *casos difíceis*, muitas vezes só é possível fundamentar uma decisão quando se recorre a uma violação da dignidade humana *válida de modo absoluto* e que reivindica um primado. No interior do discurso jurídico, esse conceito não desempenha a função vaga de um guardador de lugar para uma concepção mal integrada de direitos humanos. A dignidade humana é um sismógrafo que mostra o que é constitutivo para uma ordem jurídica democrática — a saber, precisamente os direitos que os cidadãos de uma comunidade política devem se dar para poderem se *respeitar* reciprocamente como membros de uma associação voluntária de livres e iguais. *Somente a garantia desses direitos humanos cria o* status *de cidadãos que, como sujeitos de direitos iguais, pretendem ser respeitados em sua dignidade humana.*

Depois de dois séculos de história constitucional moderna, reconhecemos melhor o que marcou esse desenvolvimento *desde o início*: a dignidade humana forma algo como o portal por meio do qual o conteúdo igualitário-universalista da moral é importado ao direito. A ideia da dignidade humana é a dobradiça conceitual que conecta a moral do respeito igual por cada um com o direito positivo e com a legislação democrática de tal modo que, na sua cooperação sob circunstâncias históricas favoráveis, pôde emer-

---

17 A discussão feita na Europa, há mais de meio século, sobre o assim chamado "efeito horizontal dos direitos fundamentais" encontrou também recentemente eco nos EUA. Cf. Gardbaum, The "Horizontal Effect" of Constitutional Rights, *Michigan Law Review*, p.388-459.

gir uma ordem política fundamentada nos direitos humanos. Na verdade, as clássicas declarações dos direitos humanos, quando falam de direitos "inatos" ou "inalienáveis", *"inherent"* [inerente] ou *"natural rights"* [direitos naturais], *"droit naturels, inaliénables et sacrés"* [direitos naturais, inalienáveis e sagrados], ainda revelam suas origens a partir de doutrinas religiosas e metafísicas (*"We hold these Truths tob self-evident, that all men are* [...] *endowed with certain unalienable rights"**). Porém, num Estado neutro do ponto de vista das concepções de mundo, tais predicados têm o papel de um guardador de lugar; relembram-nos do modo cognitivo – *para além do controle do Estado – de uma fundamentação* do conteúdo moral transcendente desses direitos, *capaz de ser aceita universalmente.* Para os pais fundadores também estava claro que os direitos humanos, independentemente de sua fundamentação moral pura, teriam de ser "esclarecidos" democraticamente, especificados e implementados no espaço de uma comunidade política.

Visto que a promessa moral deve ser resgatada na moeda jurídica, os direitos humanos mostram uma face de Jano, voltada simultaneamente à moral e ao direito.[18] Independentemente de seu *conteúdo* moral exclusivo, eles possuem a *forma* de direitos subjetivos positivos coercitivos que asseguram aos indivíduos um espaço de liberdade e pretensões. Estão dispostos de modo que são *concretizados* pela via da legislação democrática, *especificados* caso a caso por meio da jurisprudência e *impostos* com sanções estatais. Portanto, os direitos humanos circunscrevem precisamente a parte de uma moral esclarecida que *pode* ser traduzida

---

* Trad.: "Assumimos essas verdades como autoevidentes, que todos os homens são [...] dotados de certos direitos inalienáveis". (N. T.)

18 Lohman, Menschenrechte zwischen Moral und Recht, p.62-95.

Sobre a constituição da Europa

no *medium* do direito coercitivo e ter realidade política efetiva na robusta configuração de direitos fundamentais efetivos.[19]

$$(2)$$

Nessa categoria de direitos, outrora inteiramente nova, voltaram a ser combinados dois elementos que, no decurso inicial dos tempos modernos, se liberaram da simbiose do direito natural entre fatos e normas, autonomizando-se e desenvolvendo-se, a princípio, em direções opostas. De um lado, encontra-se a

---

19 Não acredito que essa reflexão exija uma revisão em minha introdução originária do sistema de direitos (Habermas, *Faktizität und Geltung*, cap. III; cf. também Habermas, Der demokratischen Rechtsstaat – eine paradoxe Verbindung widersprüchlicher Prinzipien?, p.154-75). Os direitos humanos diferenciam-se dos direitos morais entre outras coisas por estarem orientados para uma institucionalização – portanto, devem ser criados – e para isso necessitam de uma formação da vontade comum democrática, enquanto pessoas agindo moralmente consideram, sem mediações adicionais, um ao outro como sujeitos que *de saída* estão imersas em uma rede de deveres e direitos morais (cf. Flynn, J., Habermas on Human Rights: Law, Morality and Intercultural Dialogues, *Social Theory and Praxis*, p.431-57). Naquele tempo, porém, não observei duas coisas. Primeiro, as experiências cumulativas de dignidade violada formam uma fonte de motivação moral para a práxis constitucional, sem precedentes históricos, no final do século XVIII; segundo, a noção geradora de *status* do reconhecimento social da dignidade do outro fornece a ponte conceitual entre o conteúdo moral do respeito igual de cada um e a forma jurídica dos direitos humanos. Deixarei de lado aqui se esse deslocamento do foco para essas questões tem consequências adicionais para minha interpretação deflacionada do princípio do discurso "D" na fundamentação dos direitos fundamentais. Cf. minha discussão a partir das objeções de Karl-Otto Apel em Habermas, Zur Architektonik der Diskursdifferenzierung. Kleine Replik auf eine gro e Auseinandersetzung, p.84-105.

moral interiorizada, ancorada na consciência subjetiva e fundamentada racionalmente, que em Kant se retira inteiramente ao
domínio do inteligível; de outro lado, o direito coercitivo positivo, que servia aos governantes absolutistas e às assembleias
estamentais dos velhos parlamentos como um instrumento para
a construção das estruturas modernas do Estado e que também
servia de meio de organização para o controle do intercâmbio
capitalista de mercadorias. O conceito de direitos humanos
decorre de uma improvável síntese desses dois elementos. *E esse
vínculo realizou-se por meio da dobradiça conceitual da dignidade humana.*
O conceito de dignidade humana, disponível na linguagem cotidiana, foi ele próprio transformado nesse processo de vinculação. Nesse processo, aquelas representações linguísticas correntes sobre a dignidade social, que estavam associadas a um *status*
particular nas sociedades estamentais da Idade Média europeia
e nas sociedades das corporações de ofícios nos primórdios dos
tempos modernos, evidentemente desempenharam um papel
importante.[20] Para a hipótese desenvolvida a seguir, certamente
seriam necessários documentos históricos mais precisos em termos tanto da história conceitual quando da história das ideias
das revoluções europeias.

Considerando a genealogia dos direitos humanos, pretendo
sublinhar dois aspectos: (a) por um lado, o papel da dignidade
humana na mudança de perspectiva que vai dos deveres morais
aos direitos jurídicos; (b) por outro, a universalização paradoxal de um conceito de dignidade que originalmente não estava

---

20 Sobre o surgimento do conceito jurídico de dignidade humana por
meio da universalização da dignidade humana associada ao *status*, cf.
Waldron, Dignity and Rank, *European Journal of Sociology*, p.201-37.

desenhado para um reconhecimento igual da dignidade de cada um, mas sim para a *diferença* de *status*.

(a) As doutrinas modernas da moral racional e do direito racional apoiam-se no conceito fundamental da autonomia do indivíduo e no princípio do respeito igual por cada um. Esse fundamento comum da moral racional e do direito racional obscurece muitas vezes a diferença decisiva entre eles: enquanto a moral nos impõe deveres que perpassam completamente todas as esferas de ação, o direito moderno cria espaços livres ao arbítrio privado e à configuração da vida individual. Sob a premissa revolucionária de que, do ponto de vista jurídico, é permitido tudo o que não está explicitamente proibido, os direitos subjetivos, e não os deveres, formam o ponto de partida da constituição do sistema de direitos. Para Hobbes e para o direito moderno, o modelo é a autorização igual para todas as pessoas fazerem ou deixarem de fazer o que lhes agrada no espaço da lei. Os atores assumem uma perspectiva diferente quando, em vez de *seguirem* mandamentos morais, exercem seus direitos. Em uma *relação moral*, uma pessoa se pergunta o que ela deve a outra pessoa, independentemente de sua relação social com ela – o quão estranha essa outra pessoa é, como se comporta e o que se espera dela. Em contrapartida, pessoas que estão numa *relação jurídica* umas com as outras reagem às *pretensões* que o respectivo outro *ergue* em relação a ela. Em uma comunidade jurídica, as obrigações surgem para a primeira pessoa em virtude das pretensões que uma segunda pessoa pode lhe apresentar.[21]

---

21 Sobre isso, Lohmann escreve: "um direito moral vale como direito justificado quando existir uma obrigação moral correspondente que da sua parte vale como justificada [...]; um direito legal, por

Imaginemos o caso de um policial que pretende extrair uma confissão de uma pessoa suspeita por meio da ameaça ilegal de tortura. No seu papel de pessoa moral, já com essa ameaça, e mais ainda ao infligir propriamente a dor, o policial teria má consciência independentemente de como se comporta o delinquente. Uma relação jurídica entre o policial agindo ilegalmente e o indivíduo sob interrogação somente se atualiza quando *este último* se defende e reivindica o seu direito (ou quando um promotor público reage à violação do direito). Naturalmente, em ambos os casos, a pessoa ameaçada é uma fonte de pretensões normativas que são violadas pela tortura. Mas para a má consciência do agressor é suficiente que a moral tenha sido violada no decorrer dos acontecimentos, ao passo que a relação jurídica objetivamente violada permanece latente enquanto não for erguida uma pretensão que a atualize.

Por isso, Klaus Günther vê na "passagem de deveres morais recíprocos para direitos estabelecidos e concedidos reciprocamente" um ato que vai "da autoautorização para a autodeterminação".[22] A *passagem da moral racional para o direito racional* requer uma mudança das perspectivas, simetricamente entrelaçadas, que vai do respeito e da estima pela autonomia de *cada outro* para as pretensões de reconhecimento e estima da *sua própria* autonomia *por parte* do outro. No lugar da *consideração* demandada moralmente pelo outro vulnerável, entra a *exigência* autoconsciente pelo reconhecimento jurídico como sujeito autodeterminante

---

sua vez, quando é parte constitutiva de uma ordem jurídica positiva que pode reivindicar legitimidade como um todo". Lohmann, Die Menschenrechte: Unteilbar und gleichgewichtig? – Eine Skizze, p.66.

22 Uma passagem que Lohmann (ibid., p.87) parece confundir como a passagem de uma moral tradicional a uma moral do esclarecimento.

que "vive, sente e age segundo seu próprio juízo".[23] O reconhecimento *reivindicado* pelos cidadãos vai além do reconhecimento moral recíproco de sujeitos que agem de modo responsável. Ele tem o significado robusto do respeito *exigido* pelo *status* próprio *merecido* e alimenta-se, neste aspecto, das conotações daquela "dignidade" que no passado estava associada ao pertencimento a corporações prestigiadas socialmente.

(b) O conceito concreto de dignidade ou de "honra social" pertence ao mundo das sociedades tradicionais divididas hierarquicamente. Por exemplo, nelas uma pessoa podia receber sua dignidade e autorrespeito a partir do código de honra da nobreza, do *ethos* estamental das corporações de ofício ou da consciência corporativa das universidades. Quando essas dignidades dependentes do *status*, que surgem no plural, se juntam numa dignidade universal "do" ser humano, essa nova dignidade abstrata se desfaz das características particulares de um *ethos* estamental. Mas a dignidade universal, atribuída igualmente a todas as pessoas, mantém ao mesmo tempo a conotação de um *autorrespeito* que se apoia no *reconhecimento social.* Sendo uma dignidade desse tipo, a dignidade humana requer também o ancoramento em um *status* civil, isto é, o pertencimento a uma comunidade organizada no espaço e no tempo. Mas mesmo aqui o *status* deve ser igual para todos. O conceito de dignidade humana transfere o conteúdo de uma moral do respeito igual por cada um para a ordem de *status* de cidadãos que derivam seu autorrespeito do fato de serem reconhecidos pelos outros cidadãos *como sujeitos de direitos iguais reivindicáveis.*

---

23 Günther, Menschenrechte zwischen Staaten und Dritten. Vom vertikalen zum horizontal Verständnis der Menschenrechte, p.275 et seq.

Não é sem importância que esse *status* pode ser estabelecido somente no espaço de um Estado constitucional que nunca surge espontaneamente. Antes, deve ser *criado* pelos próprios cidadãos *por meio do direito positivo* e deve ser protegido e desenvolvido sob circunstâncias históricas modificáveis. Como um conceito jurídico moderno, a dignidade humana se vincula com o *status* que os cidadãos assumem em uma ordem política *autocriada*. Como destinatários, os cidadãos apenas começam a usufruir dos direitos que protegem sua dignidade humana quando conseguem estabelecer e manter em comum uma ordem política fundamentada nos direitos humanos.[24] A dignidade que atribui o *status* de cidadania alimenta-se da valorização republicana dessa atividade democrática e da respectiva orientação para o bem comum. Isso relembra o significado que estava associado à palavra *dignitas* na Roma clássica – o prestígio dos homens de Estado e os funcionários públicos que serviam à *res publica*. Claro, a distinção alcançada pelos poucos e elevados "portadores de dignidade" e pelas notoriedades opõe-se à dignidade que o Estado constitucional garante *igualmente a todos* os cidadãos.

Jeremy Waldron aponta para o fato paradoxal de que o conceito igualitário de dignidade humana resulta da universalização de uma dignidade particularista, que não pode perder inteira-

---

24 Por isso os direitos humanos não estão em oposição à democracia, mas são cooriginários com ela. Estão numa relação de pressuposição recíproca: direitos humanos tornam possível o processo democrático, sem o qual não poderiam, por sua vez, serem positivados e concretizados no espaço de um Estado constitucional constituído pelos direitos fundamentais. Sobre a fundamentação nos termos da teoria do discurso, cf. Günther, Liberale und diskurstheoretische Deutungen der Menschenrechte, p.338-59.

mente sua conotação de "diferenças finas": "associado outrora à diferenciação hierárquica de posição e *status*, o conceito de 'dignidade' expressa agora a ideia de que todos os homens têm a mesma posição, certamente posição bem elevada".[25] Waldron entende essa universalização de tal modo que agora todos os cidadãos assumem a mais alta posição possível, por exemplo, aquela que outrora era reservada ao nobre. Mas essa consideração apreende o sentido da dignidade humana igual para cada um? Mesmo os antepassados diretos que o conceito de dignidade humana encontra na filosofia grega, principalmente entre os estoicos e no humanismo romano – como em Cícero – não formam uma ponte semântica que leva ao sentido igualitário do conceito moderno. Naquele tempo, a *dignitas humanas* era explicada a partir da posição, definida ontologicamente, do ser humano no cosmos, a partir da posição específica que o ser humano assumia em virtude das qualidades da espécie, como ser dotado de razão e reflexão, diante de formas de vida "inferiores". O valor superior da espécie podia talvez fundamentar algum tipo de proteção, mas não a inviolabilidade da dignidade da pessoa individual como fonte de pretensões normativas.

Faltam ainda dois passos decisivos na genealogia do conceito. Para ocorrer a universalização coletiva, é preciso, primeiro, ter início a individualização. Trata-se do *valor do indivíduo* nas relações horizontais entre seres humanos, e não da posição *do* ser humano na relação vertical com Deus ou nos graus subordinados do ser. Segundo, o valor superior relativo da humanidade e de seus membros individuais deve ser substituído pelo valor absoluto da pessoa. Trata-se do *valor incomparável* de cada um.

---

25 Waldron, Dignity and Rank, *European Journal of Sociology*, p.201.

Na Europa, esses dois passos ocorreram no percurso de uma apropriação filosófica de motivos e figuras de pensamento da tradição judaico-cristã, que pretendo relembrar brevemente.[26]

Já na Antiguidade produziu-se um vínculo estreito entre *dignitas* e *pessoa*, mas foi somente nas discussões medievais sobre a criação do homem à semelhança de Deus que a pessoa individual começou a ser liberada da estrutura de papéis sociais. Cada um aparece como pessoa única e insubstituível diante do Juízo Final. Outro estágio na história conceitual da individualização é representado pelos tratados da escolástica espanhola tardia sobre a distinção entre os direitos subjetivos e a ordem objetiva do direito natural.[27] O deslocamento definitivo é, no entanto, a moralização da compreensão da liberdade individual em Hugo Grotius e Samuel von Pufendorf. Kant aguçou essa compreensão do ponto de vista deontológico com o conceito de autonomia, mas cuja radicalidade foi paga com o *status* incorpóreo da vontade livre no "reino dos fins" além do mundo. A liberdade consiste agora na capacidade da pessoa para a autolegislação racional. A relação dos seres racionais uns com os outros é definida por meio do reconhecimento recíproco da vontade legisladora universal de cada um, na qual cada um "jamais deve tratar a si mesmo e a todos os outros como simples meio, mas sempre ao mesmo tempo como fim em si mesmo".[28] Com isso

---

26 Sobre o pano de fundo teológico do conceito de dignidade humana, cf. a investigação na história das ideias feita por Steins, *Himmlische Quellen und irdisches Recht. Religiöse Voraussetzungen des freiheitlichen Verfassungsstaates*, especialmente o capítulo 7. Cf. também Huber, *Gerechtigkeit und Recht. Grundlinien christlicher Rechtsethik*, p.222-86.

27 Böckenförde, *Geschichte der Rechts- und Staatsphilosophie*, p.312-70.

28 Kant, *Grundlegung zur Metaphysik der Sitten*, p.66.

Sobre a constituição da Europa

são definidos os limites de uma esfera que deve permanecer absolutamente livre da disposição de outros. A "dignidade infinita" de cada pessoa consiste na pretensão de que todos os outros respeitem essa esfera da vontade livre como sendo inviolável.

É interessante ver como em Kant a dignidade humana não adquire um lugar sistemático. O peso da fundamentação recai inteiramente na explicação filosófica moral da autonomia: "a autonomia, portanto, é o fundamento da dignidade da natureza humana e de toda natureza racional".[29] Antes de podermos entender o que significa "dignidade humana", temos de compreender o "reino dos fins".[30] Na *Doutrina do direito*, Kant introduz os direitos humanos – ou antes, o direito "único" que cabe a cada um "por força de sua humanidade" – numa referência imediata à liberdade de cada um, "na medida em que possa coexistir com a liberdade dos outros segundo uma lei universal".[31] Também em Kant os direitos humanos derivam seu conteúdo moral, o qual eles soletram na linguagem do direito positivo, da fonte de uma dignidade humana entendida de modo universal e individual. Mas esta é assimilada a uma liberdade inteligível para além do espaço e do tempo, perdendo precisamente a conotação de *status* que havia inicialmente qualificado a dignidade humana como elo histórico entre a moral e os direitos humanos. Mas a graça do caráter jurídico dos direitos humanos consiste

---

29 Ibid., p.69.

30 "No reino dos fins tudo tem ou um preço ou uma dignidade. Aquilo que tem preço, pode ser trocado também por outra coisa, como equivalente; mas aquilo que está além de qualquer preço tem uma dignidade, não permitindo, portanto, qualquer equivalente", ibid., p.68.

31 Id., *Die Metaphysik der Sitten. Rechstlehre*, p.345.

em proteger uma dignidade humana que extrai sua conotação de autorrespeito e reconhecimento social do *status* de uma cidadania democrática situada no espaço e tempo.[32]

Do ponto de vista da história conceitual, investigamos conjuntamente três elementos: um conceito de dignidade humana altamente moralizado, a recordação de uma compreensão tradicional de dignidade social e, com o surgimento do direito moderno, a posição autoconsciente das pessoas do direito que erguem pretensões em relação a outras pessoas de direito. Teríamos agora de passar da história conceitual à história social e política para tornar pelo menos plausível a dinâmica do encadeamento entre os conteúdos da moral racional e a forma do direito positivo, por meio da universalização de uma "dignidade" que, originalmente vinculada ao *status*, se transforma em uma "dignidade humana". Além disso, trata-se de uma referência mais ilustrativa do que rigorosa do ponto de vista histórico. A reivindicação e a imposição dos direitos humanos raramente transcorreu de modo pacífico. Os direitos humanos resultaram de lutas por reconhecimento violentas, e às vezes revolucionárias.[33] Retrospectivamente, podemos ter uma noção das situações militantes, em que aqueles três elementos conceituais puderam se entrelaçar uns com os outros na cabeça dos primeiros defensores

---

32 Sob as premissas da própria teoria de Kant tal "mediação" entre o reino transcendental da liberdade e o reino fenomênico da necessidade não é possível e nem necessário. Mas tão logo o caráter da vontade livre é destranscendentalizado (como na *teoria da ação comunicativa*), a distância entre moral e direito tem de ser transposta. É precisamente isto que o conceito de dignidade humana realiza.

33 Cf. Honneth, *Kampf um Annerkennung. Zur moralischen Grammatik sozialer Konflikte.*

Sobre a constituição da Europa

da liberdade (digamos: os Levellers). As experiências históricas de humilhação e degradação, interpretadas já à luz de uma compreensão cristã e igualitária da dignidade humana, constituíram um motivo para revolta. Mas agora a indignação política podia articular-se na linguagem do direito positivo como exigência autoconsciente por direitos universais. Talvez já estivesse vinculado com isso – recordando o conceito estamental de dignidade – a expectativa de que tais direitos básicos fundamentariam um *status* de cidadãos, no qual eles se reconheceriam reciprocamente como sujeitos de direitos iguais.

(3)

A origem conflituosa explica apenas em parte o caráter polêmico que os direitos humanos mantêm até hoje. É também a carga moral que confere a esses direitos sancionados pelo Estado algo de insaturado. Esse caráter explica por que, com as revoluções constitucionais do final do século XVIII, uma tensão inquietante penetrou as sociedades modernas. Naturalmente, em todo espaço social existe uma distância entre normas e comportamentos reais; mas, com a práxis histórica sem precedentes de criação de uma constituição democrática, surge algo completamente diferente, uma distância utópica deslocada para o interior da dimensão temporal. Por um lado, os direitos humanos só podem adquirir a validade positiva de direitos fundamentais em uma comunidade particular – primeiro, no interior de um Estado nacional. Por outro lado, sua pretensão de validade universalista, que aponta para além das fronteiras nacionais, só pode ser resgatada em uma comunidade cosmopolita inclusiva.[34] Essa contradição só pode ser resolvida em uma sociedade mundial constituída democraticamente (que não precisa ela mesma assumir qualidades estatais).[35] Desde o

---

34 Wellmer, Menschenrechte und Demokratie, p.265-91. Para uma análise precisa das implicações que a falta de congruência entre direitos humanos e direitos dos cidadãos tem tanto para os cidadãos quanto para os "estrangeiros" residentes no interior de um Estado de direito democrático, cf. Denninger, "Die Rechte der Anderen". Menschenrechte und Bürgerrecht im Widerstreit, *Kritische Justiz*, p.226-38.

35 Sobre isso, cf. meus textos: Zur legitimation durch Menschenrechte [1998]; Hat die Konstitutionalizierung des Wölkrrechts noch eine Chance? [2004]; e Konstitutionalizierung des Wölkerrechts und die Legitimationsprobleme einer verfa ten Weltgesellschaft [2008]. A contradição entre direitos do cidadão e direitos humanos não pode ser resolvida somente por meio de uma expansão global dos Estados constitucionais em combinação com o "direito a ter direitos" reivindicado por Hannah Arendt (em vista da situação das pessoas expatriadas no final da Segunda Guerra Mundial), pois o direito das gentes clássico deixou as relações internacionais em um "estado de natureza". A necessidade de coordenação da sociedade mundial que surgiu nesse meio-tempo pode somente ser satisfeita por uma condição jurídica cosmopolita (no sentido kantiano, revisto contemporaneamente). Nesse contexto tenho de corrigir um grave equívoco no caderno especial Symposium on Human Rights: Origins, Violations, and Rectifications (p.2) da revista *Metaphilosophy* (e no artigo de Andreas Follesdals, Universal Human Rights as a Shared Political Identity. Necessary? Sufficient? Impossible?, p.85 et seq.). Naturalmente, defendo há muito a tese de que a identidade coletiva de uma comunidade democrática pode ser ampliada para além dos limites dos Estados nacionais existentes e de modo algum partilho das reservas que os nacionalistas liberais têm nesse sentido. Tendo em vista a minha argumentação a favor do sistema multidimensional de uma sociedade mundial constitucional, desenvolvi outras razões para a tese de que um governo mundial não é nem desejável, nem realizável.

Sobre a constituição da Europa

início existe uma tensão dialética entre os direitos humanos e os direitos dos cidadãos, que sob circunstâncias históricas favoráveis pode desencadear uma "dinâmica de abrir portas" (Lutz Wingert).

Isso não quer dizer que a intensificação da proteção dos direitos humanos no interior dos Estados nacionais e sua ampliação global mundo afora teria sido possível sem os movimentos sociais e as lutas políticas, sem a oposição corajosa à opressão e degradação. A luta para impor os direitos humanos continua não apenas em nossos próprios países como também, por exemplo, na China, na África ou na Rússia, na Bósnia ou em Kosovo. Cada deportação dos que buscam asilo que ocorre por detrás das portas fechadas de um aeroporto, cada navio naufragado com refugiados que fogem da pobreza na rota mediterrânea entre a Líbia e a ilha de Lampedusa, cada tiro na cerca da fronteira mexicana coloca uma questão inquietante aos cidadãos do Ocidente. Com a primeira declaração dos direitos humanos, fixou-se um padrão que inspira os refugiados, os lançados na miséria, os exilados, os ofendidos e degradados, dando-lhes a consciência de que seu sofrimento não tem o caráter de um destino natural. Com a positivação dos primeiros direitos humanos, criou-se uma *obrigação jurídica* de realizar o conteúdo moral transcendente que se impregnou na memória da humanidade.

Os direitos humanos formam uma utopia *realista* na medida em que não mais projetam a imagem decalcada da utopia social de uma felicidade coletiva; antes, eles ancoram o próprio objetivo ideal de uma sociedade justa nas instituições de um Estado constitucional.[36] Naturalmente, essa ideia transcendente de jus-

---

36 Bloch, *Naturrecht aund menschliche Würde*.

tiça introduz uma tensão problemática no interior da realidade política e social. Independentemente da força meramente simbólica dos direitos fundamentais em muitas das democracias de fachada da América do Sul e de outros lugares,[37] na política dos direitos humanos das Nações Unidas revela-se a contradição entre a ampliação da retórica dos direitos humanos, de um lado, e seu mau uso como meio de legitimação para as políticas de poder usuais, de outro. É verdade que a Assembleia Geral das Nações Unidas promove a *codificação do direito das gentes* e a diferenciação do conteúdo dos direitos humanos, por exemplo, com a aprovação dos pactos sobre direitos humanos. A *institucionalização* dos direitos humanos também fez progressos com o procedimento da petição individual, com os relatórios periódicos sobre a situação dos direitos humanos em Estados individuais, sobretudo com a instalação de cortes internacionais, como a Corte Europeia dos Direitos Humanos, os diferentes tribunais de crimes de guerra e os tribunais penais internacionais. Mais espetaculares são as intervenções humanitárias autorizadas pelo Conselho de Segurança em nome de uma comunidade internacional, mesmo contra a vontade do governo soberano, quando necessário. Mas é justamente nesses casos que se mostra o lado problemático da tentativa de promover uma ordem mundial que por enquanto ainda está institucionalizada de modo fragmentário. Pois pior do que as tentativas legítimas malsucedidas é sua ambiguidade, que coloca os próprios padrões morais na penumbra.[38]

---

37 Neves, The Symbolic Force of Human Rights, *Philosophy & Social Criticism*, p.411-44.

38 Além disso, a "política governamental dos direitos humanos" atualmente vigente destrói acentuadamente o vínculo entre direitos humanos e democracia. Sobre isso, cf. Günther, K. "Menschenrechte

Sobre a constituição da Europa

Lembro o caráter seletivo e monocular das decisões do Conselho de Segurança não representativo, que é tudo menos imparcial, ou a tentativa hesitante e incompetente de impor intervenções autorizadas – e seus oportunos fracassos catastróficos (Somália, Ruanda, Darfur). Essas operações policiais ainda continuam sendo conduzidas como guerras, nas quais a morte e o sofrimento da população inocente são descritos pelos militares como "danos colaterais" (por exemplo, Kosovo). Os poderes de intervenção ainda não demonstraram em nenhum caso que são capazes de reunir a força e a persistência necessárias para construir um Estado, isto é, para reconstruir a infraestrutura destruída ou desintegrada das regiões pacificadas (como o Afeganistão). Quando a política dos direitos humanos torna-se um mero simulacro e veículo para impor os interesses das grandes potências; quando a superpotência empurra para o lado a Carta das Nações Unidas e arroga-se o direito de intervir; quando ela conduz uma invasão que viola o direito das gentes humanitário e a justifica em nome de valores universais, então se confirma a suspeita de que o programa dos direitos humanos *consiste* em seu mau uso imperialista.[39]

---

zwischen Staaten und Dritten. Vom vertikalen zum horizontal Verständnis der Menschenrechte", com Maus, Menschenrechte als Ermächtigungsnormen internationaler Politik oder: der zerstörte Zusammenhang von Menschenrechten und Demockratie, p.276-92. Sobre essa tendência, cf. também agora Günther, Von der gubernativen zur deliberativen Menschenrechte als Akt kolletiver Selbstbestimmung, p.45-60.

39 Carl Schmitt foi o primeiro a formular conceitualmente essa suspeita. Cf. Schmitt, *Die Wendung zum diskriminierenden Kriegsbegriff*; e id., *Das internationalrechtliche Verbrechen des Angriffskrieges und der Grundsatz "Nullum crimen, nulla poena sine lege"*. Schmitt denuncia, acima de tudo,

Jürgen Habermas

A tensão entre ideia e realidade que com a positivação dos direitos humanos se introduziu na própria realidade nos confronta hoje com a exigência de pensar e agir de modo realista, sem trair o impulso utópico. Mas essa ambivalência pode nos levar muito facilmente à tentativa de ou assumir uma posição idealista, mas desvinculada, a favor do conteúdo moral transcendente, ou adotar a pose cínica dos assim chamados "realistas". Uma vez que não é mais realista rejeitar completamente, na esteira de Carl Schmitt, o programa dos direitos humanos, cuja força subversiva se infiltrou, nesse meio-tempo, nos poros de *todas* as regiões do mundo, o "realismo" assume hoje uma outra face. A crítica desmascaradora direta é substituída por um deflacionamento brando dos direitos humanos. Esse novo

---

os direitos humanos como a ideologia que discrimina a guerra como um meio legítimo para a solução de controvérsias internacionais. Já o ideal de paz da política de Wilson fez com que a "distinção entre guerra justa e injusta" levasse "a uma distinção cada vez mais profunda e aguda, cada vez mais total entre amigo e inimigo" (id., *Die Wendung zum diskriminierenden Kriegsbegriff*, p.50). Nas relações internacionais primitivas, a moralização do inimigo é um método fatal para mascarar os interesses próprios, pois o agressor entrincheira-se atrás da fachada aparentemente transparente de uma abolição da guerra, apresentada como racional porque é humanitária. A crítica de uma "moralização" em nome dos direitos humanos cai no vazio, porque erra o alvo, a saber, a *transposição* dos conteúdos morais no *medium* do direito coercitivo. À medida que a condenação da guerra leva faticamente a uma juridificação das relações internacionais, a distinção jusnaturalista ou religiosa entre guerra "justa" e "injusta" é abandonada a favor da "guerra legal", que deve, então, assumir a forma de uma medida de polícia mundial. Sobre isso, cf. Günther, *Kampf gegen das Böse? Zehn Thesen wider die ethische Aufrüstung der Kriminalpolitik, Kritische Justiz*, p.135-57.

Sobre a constituição da Europa

minimalismo acaba relaxando a força dos direitos humanos, ao separá-los de seu impulso moral essencial, a saber, a proteção da dignidade igual de cada um.

Na esteira de John Rawls, Kenneth Baynes distingue essa abordagem como uma concepção "política" dos direitos humanos,[40] em contraste com as representações jusnaturalistas de direitos "inatos", que devem ser atribuídos a cada pessoa exclusivamente com base em sua natureza humana. "Os direitos humanos são entendidos como condições de inclusão em uma comunidade política."[41] Concordo com ele. Problemático é o passo seguinte que acaba ofuscando o sentido moral dessa inclusão – que cada um seja respeitado em sua dignidade humana como sujeito de direitos iguais. Certamente é necessário cautela em vista de fracassos inevitáveis na política dos direitos humanos. Mas isso não fornece uma razão suficiente para roubar a mais-valia moral própria dos direitos humanos e estreitar de antemão o foco da temática dos direitos humanos, limitando-a a questões de política *internacional*.[42] Esse minimalismo esquece que a contínua relação tensa, *interna ao Estado*, entre os direitos humanos universais e os direitos particulares dos cidadãos é o fundamento normativo para a dinâmica internacional.[43] Quando não consideramos

---

40 Baynes, Toward a Political Conception of Human Rights, *Philosophy & Social Criticism*, p.371-90.

41 Id., Discourse Ethics and the Political Conception of Human Rights, *Ethics & Global Politics*, p.1-21.

42 "Os direitos humanos são entendidos em primeiro lugar como normas internacionais, cujo objetivo é proteger interesses humanos fundamentais e assegurar aos indivíduos a oportunidade de participarem como membros de uma sociedade política." Ibid., p.7.

43 Para uma crítica a essa posição minimalista, cf. Forst, The Justification of Human Rights and the Basic Right to Justification.

esse vínculo, a difusão global dos direitos humanos exige uma fundamentação específica. A isso serve o argumento de que nas relações internacionais as obrigações morais entre os Estados (e cidadãos) emergem primeiro da crescente integração sistêmica de uma sociedade mundial cada vez mais interdependente.[44] Desse ponto de vista, as pretensões de inclusão resultam primeiro da dependência recíproca em interações que ocorrem *faticamente*.[45] Esse argumento tem certa força explicativa para a questão empírica sobre como se forma em nossas sociedades de bem-estar uma sensibilidade para a pretensão legítima de grupos populacionais marginalizados e desprivilegiados que querem ser incluídos nas relações de vida liberais. Mas as próprias pretensões normativas fundamentam-se a partir de uma moral universalista cujo conteúdo há algum tempo foi introduzido, por meio da ideia

---

A Reflexive Approach, *Ethics*, p.711-40. Ali é dito: "é geralmente equivocado enfatizar o papel político jurídico de tais direitos como fornecendo a justificativa para uma política de intervenção legítima. Isso é pôr a carroça na frente dos bois. Precisamos primeiro construir (ou descobrir) um conjunto justificável de direitos humanos que uma autoridade política legítima tem de respeitar e garantir, e então perguntar que tipos de estruturas legais são exigidas no âmbito internacional para vigiá-los e assegurar que a autoridade política é efetivamente exercida dessa maneira" (ibid., p.276). Além disso, esse estreitamento projetado às relações internacionais sugere a ideia de uma exportação paternalista dos direitos humanos, com a qual o Ocidente agracia o resto do mundo.

44 Cohen, Minimalism About Human Rights: The Most We Can Hope For?, *The Journal of Political Philosophy*, p.190-213.

45 "Os direitos e as respectivas obrigações são criados pelas relações específicas que os indivíduos têm uns com os outros, e não pelas pretensões que os indivíduos têm em virtude de sua humanidade", Baynes, Toward a Political Conception of Human Rights, p.382.

Sobre a constituição da Europa

de dignidade humana, nos direitos humanos e nos direitos dos cidadãos das constituições democráticas. Somente esse vínculo *interno* entre dignidade humana e direitos humanos produz aquela fusão explosiva da moral no *medium* do direito, no interior do qual deve ser efetuada a construção das ordens políticas justas.

Essa carga moral do direito é o resultado das revoluções constitucionais do século XVIII. Quem neutraliza essa tensão abandona também uma compreensão dinâmica que sensibiliza os cidadãos de nossas próprias sociedades parcialmente liberais para uma exploração sempre mais intensiva dos direitos fundamentais existentes e para o perigo cada vez mais agudo de erosão dos direitos de liberdade assegurados.

A crise da União Europeia à luz de uma constitucionalização do direito das gentes
Um ensaio sobre a constituição da Europa[1]

I. Por que hoje a Europa é antes de tudo um projeto constitucional

Nesta crise atual, indaga-se muito sobre a razão de ainda nos atermos ao projeto da União Europeia, vale dizer, ao antigo objetivo de uma "união política cada vez mais estreita", no momento em que se esgotou justamente aquele motivo originário de impedir guerras na Europa. Há mais do que apenas uma resposta a essa questão. Adotando o ponto de vista de uma constitucionalização do direito das gentes,[2] o qual, para além do *status quo*,

---

1 Agradeço a Armin von Bogdandy por sua ajuda detalhada, assim como a Franzius e Christoph Möllers por suas sugestões críticas.

2 Frowein, Konstitutionalizierung des Völkerrechts, p.427-447. Embora essa perspectiva se apresente principalmente à ciência jurídica alemã, ela se impõe hoje, sobretudo, por razões políticas. Cf. o prefácio do livro de Franzius; Mayer; Neyer, (orgs.), *Strukturfragen der Europäischen Union*, p.16. Uma análise brilhante das contribuições dos autores de língua alemã para a história do direito das gentes, a qual lança luz também sobre o estatuto proeminente da ideia de uma constitucionalização do direito das gentes na jurisprudência

aponta com Kant para um futuro estado jurídico cosmopolita [*kosmopolitischer Rechtszustand*],[3] gostaria de apresentar em seguida uma interpretação nova mais convincente: a União Europeia pode ser concebida como um passo decisivo no caminho para uma sociedade mundial constituída politicamente.[4] As energias despendidas pelos defensores do projeto europeu no penoso caminho que levava ao Tratado de Lisboa foram dissipadas no conflito que se criou em torno das questões sobre uma constituição política; se desconsiderarmos, porém, as consequências jurídico-constitucionais do "governo voltado à economia" ora planejado, essa perspectiva se recomenda hoje com base em outras duas razões. Por um lado, o debate contemporâneo se reduziu a buscar saídas imediatas para as atuais crises dos bancos, da moeda e da dívida, perdendo-se de vista a dimensão política (I); por outro, falsos conceitos políticos impedem que se perceba

---

alemã, é oferecida por Martti Koskenniemi em seu artigo Between Coordination and Constitution. Law as German Discipline.

3 Sobre essa interpretação de Kant, o qual considera o modelo da confederação somente como um passo no caminho de uma integração contínua dos povos, cf. Thiele,Von der Volkssouveränität zum Völker(staats)recht. Kant – Hegel – Kelsen: Stationen einer Debatte, p.175-196. Lê-se nesse artigo: "Aquele tratado particular que, ao querer a paz perpétua, transferiu os direitos soberanos para os órgãos supra ou interestatais, teve de surgir não de um tratado entre soberanos fáticos, mas sim de um 'tratado firmado entre os povos'", ibid., p.179.

4 Tratei mais detalhadamente da ideia de Kant de um direito cosmopolita entre 1995 e 2005; cf. Habermas, Kants Idee des ewigen Friedens – aus dem historischen Abstand von 200 Jahren, p.192-236; id., Hat die Konstitutionalisierung des Völkerrechts noch eine Chance?, p.113-93; id., Eine politische Verfassung für die pluralistische Weltgesellschaft?, p.324-65.

Sobre a constituição da Europa

a força civilizadora da juridificação democrática – e com isso a promessa que desde o início esteve associada ao projeto de uma constituição europeia (2).

(1)

O reducionismo da perspectiva econômica é tão incompreensível quanto parece unilateral o diagnóstico dos especialistas sobre as causas profundas da crise: à União Europeia faltam as competências para a harmonização necessária das economias nacionais, drasticamente isoladas no que diz respeito à sua capacidade de concorrência. A crise atual certamente atrai no curto prazo todas as atenções para si.[5] Contudo, os atores não deveriam esquecer a falha de construção fundamental, reparável somente no longo prazo, de uma união monetária desprovida das exigidas capacidades de controle político no âmbito europeu. O "pacto pela Europa" repete um antigo erro: acordos sem obrigação legal firmados no círculo dos chefes de governo são ineficazes ou antidemocráticos e, por essa razão, têm de ser substituídos pela institucionalização democraticamente insuspeita de decisões tomadas em comum.[6] O governo alemão se tornou responsável pela aceleração de um processo de dessolidarização que acabou se espalhando pela Europa, porque durante muito tempo fechou os olhos diante da única saída construtiva, a qual até mesmo o *Frankfurter Allgemeine Zeitung* levou

---

5 O modo como os políticos contornam essa crise denuncia uma incerteza considerável dos prognósticos dos mais relevantes especialistas em economia.

6 Cf. a seguir meu artigo, Um pacto a favor ou contra a Europa?.

em consideração com a formulação lacônica "Mais Europa". Até agora faltou coragem a todos os governos participantes: de um lado, presos em um dilema, eles se estrebucham sem sucesso entre os imperativos de grandes bancos e agências de classificação, e seu medo diante de uma perda iminente de legitimação com as próprias populações frustradas, de outro. O incrementalismo precipitado revela a falta de uma perspectiva de maior alcance.

Quando se passaram os dias do *embedded capitalism* [capitalismo incrustrado], e os mercados globais se distanciaram rapidamente da política, tornou-se cada vez mais difícil a todos os Estados da Organização para a Cooperação e Desenvolvimento Econômico (OCDE) estimular o crescimento econômico e ao mesmo tempo cuidar tanto de uma distribuição de renda razoavelmente justa como da segurança social para a maioria da população. Eles haviam atenuado esse problema ao aceitar provisoriamente a inflação após liberar a taxa de câmbio; quando essa política passou a provocar elevados custos sociais, adotaram outro caminho, optando pelo financiamento crescente de crédito do orçamento público. As tendências estatisticamente bem justificadas das últimas duas décadas, contudo, mostram que, na maior parte dos países da OCDE, aumentaram a desigualdade social e a insegurança quanto à preservação de sua posição, embora os governos procurassem sanar sua necessidade de legitimação com um aumento abrupto das dívidas estatais. Agora a crise financeira que perdura desde 2008 bloqueou também o mecanismo de endividamento do Estado. E não se prevê, por enquanto, como podem ser conciliadas em longo prazo as *políticas de austeridade*, em todo caso impostas com dificuldade no âmbito da política interna, com a manutenção de um nível tolerável de

Sobre a constituição da Europa

Estado de bem-estar social. As revoltas dos jovens na Espanha e na Inglaterra são um sinal de que a paz social corre perigo.

Sob essas circunstâncias, passamos a reconhecer o desequilíbrio entre os imperativos dos mercados e a força regulatória da política como o verdadeiro desafio. Na zona do euro, um "governo para a economia" vagamente planejado deve emprestar nova força a um pacto pela estabilidade que já foi abalado há muito tempo. Jean-Claude Trichet exige para a zona do euro um ministério comum das finanças, sem mencionar, contudo, a devida parlamentarização da política financeira correspondente – ou considerar a circunstância de que o leque de políticas relevantes para a concorrência aponta para além da política tributária, atingindo o direito orçamentário de cada Parlamento nacional. Essa discussão mostra ao menos que a astúcia da (des) razão econômica recolocou na agenda política a questão sobre o futuro da Europa. Wolfgang Schäuble, o último "europeu" eminente no gabinete de Merkel, sabe que uma transferência de competência do âmbito nacional para o europeu toca em questões de legitimação democrática. Mas a eleição direta para um futuro presidente da União Europeia, com a qual ele há muito se ocupa, não seria mais do que um disfarce para a autorização tecnocrática, criada por conta própria, de um conselho que, composto por aqueles países europeus responsáveis pelo processo de integração, desconsiderou os tratados ao governar com base em suas decisões informais.

Nessas concepções de um "federalismo executivo" de tipo particular,[7] reflete-se o temor das elites políticas de que o proje-

---

7 Stefan Oeter utiliza essa expressão em outro sentido no seu artigo, Föderalismus und Demokratie, p.104: "No sistema da União

to europeu, realizado até agora a portas fechadas, chegue a uma esfera pública mais ampla, tomando a forma de um combate de opiniões em que se arregaçam as mangas e se argumenta de forma barulhenta. Considerando o peso extraordinário dos problemas, seria de esperar que os políticos – sem senões e poréns – finalmente colocassem as cartas europeias na mesa com o intuito de esclarecer veementemente a população sobre a relação entre os custos existentes em curto prazo e os verdadeiros benefícios, ou seja, sobre o significado histórico do projeto europeu. Eles teriam de superar seu medo do estado de ânimo medido pelas pesquisas de opinião, confiando no poder de convencimento dos bons argumentos. Diante desse passo, todos os governos participantes recuam, assim como, por enquanto, recuam também todos os partidos políticos. A política, no limiar que vai da unificação econômica para a unificação política da Europa, parece segurar o fôlego e evitar um enfrentamento dos problemas. Por que essa paralisia?

A conhecida resposta *"no demos"* se impôs a partir de uma perspectiva presa ao século XIX: não existiria um povo europeu; nesse sentido, uma união política que merecesse esse nome seria uma mera construção sobre a areia.[8] Eu gostaria de contrapor a essa

---

Europeia, as burocracias dos Estados membros se livram consideravelmente do controle do Parlamento local (nacional), na medida em que os problemas de decisão se deslocam para o âmbito da União. No contexto europeu, contudo, eles nem de perto estão submetidos a um controle político comparável àquele que ocorre no sistema constitucional nacional".

8 Na Alemanha, esse estado de ânimo anticíclico em relação ao Tratado de Maastricht recebeu um novo ímpeto no período da reunificação da nação dividida. Cf., por exemplo, Lübbe, *Abschied vom Superstaat. Vereinigte Staaten von Europa wird es nicht geben.*

Sobre a constituição da Europa

interpretação uma outra que considero mais adequada: a fragmentação política permanente no mundo e na Europa contradiz o crescimento sistêmico unificado de uma sociedade mundial multicultural e bloqueia os progressos na civilização jurídico--constitucional das relações de poder estatais e sociais.[9]

(2)

Primeiro, eu gostaria de lançar um olhar retrospectivo sobre a relação precária entre direito e poder para relembrar em que consiste a força civilizadora do direito estabelecido democraticamente. A dominação política se constituiu nas formas do direito desde o início do emprego do poder do Estado nas primeiras culturas avançadas. O "acoplamento" entre direito e política é tão antigo quanto o próprio Estado. Por essa razão, o direito exerceu por séculos um papel ambivalente: serviu como meio de organização para a dominação política exercida autoritariamente e foi ao mesmo tempo uma fonte de legitimação indispensável para as dinastias dominantes. Enquanto a ordem jurídica foi estabilizada por meio do poder de sanção do Estado, a dominação política, para ser aceita como justa, nutriu-se da força legitimadora de um direito sacro administrado pelo poder político.

---

9 Elias (em *O processo civilizador*) desenvolve o conceito de civilização, sobretudo tendo em vista o crescimento das capacidades sociopsicológicas de autocontrole no processo de modernização. [O conceito de "civilização" empregado por Habermas se refere também ao processo de formação das capacidades de ação política dos cidadãos sobre a configuração e o exercício democráticos do poder político – N. T.]

O direito e o poder do rei exercido legalmente recebem a aura do sagrado originalmente de sua ligação com poderes míticos e depois de seu apelo a um direito natural religioso. Porém, após o *medium* do direito ter se diferenciado do *ethos* da sociedade no Império Romano, foi possível então fazer valer sua especificidade e, por meio da canalização jurídica do exercício da dominação, desenvolver finalmente um efeito racionalizador.[10]

Com certeza, o poder do Estado teve de ser secularizado e o direito ser plenamente positivado antes que a legitimação da dominação pudesse se tornar dependente de um consentimento juridicamente institucionalizado por parte daqueles subordinados à própria dominação. Somente então pôde ter início aquela juridificação democrática *do exercício* da dominação política, a qual é relevante para nosso contexto. Essa juridificação desencadeou não somente uma força *racionalizadora*, mas também *civilizadora*, na medida em que dirimiu o caráter autoritário do poder estatal, transformando assim o estado de agregação do fenômeno do político. Adotando o papel do teólogo político, Carl Schmitt observou com suspeitas tal tendência civilizadora, porque esta, ao enfraquecer o núcleo autoritário da dominação, roubou também sua aura sacra.[11] Ele concebe a "substância" do "político" como a capacidade de autoafirmação de uma dominação constituída juridicamente que não deveria, contudo, ser submetida a qualquer grilhão normativo.

---

10 A teoria dos sistemas descreve esse processo como "acoplamento" dos sistemas parciais do direito e da política que se diferenciaram em função da especificação de seus códigos; cf. Luhmann, *Das Recht der Gesellschaft*.

11 Meier, *Die Lehre Carl Schmitts*.

Sobre a constituição da Europa

De acordo com a interpretação de Schmitt, essa substância pôde se manifestar, ainda no início da modernidade, na luta dos Estados soberanos contra os inimigos internos e externos. Tal substância se dissolveu primeiro com as revoluções constitucionais do século XVIII, sobretudo no interior do Estado. O Estado constitucional transforma o cidadão da sociedade em um cidadão do Estado democrático; assim, não se reconhece mais um "inimigo interno", mas apenas os criminosos — mesmo no caso da luta contra terroristas.[12] Nesse meio-tempo, somente a relação do Estado soberano com seu ambiente externo foi "poupada" do grilhão normativo da juridificação democrática.[13] Não temos de partilhar seu juízo sobre a questão para levar em consideração o conteúdo descritivo que se abre quando o "político" é retirado da névoa do contraesclarecimento aurático e reconduzido ao núcleo de um poder de decisão e de formação juridificado democraticamente.

Logo após o malogro da Liga das Nações e desde o final da Segunda Guerra Mundial — tanto com a fundação da ONU como com o início do processo de unificação europeu —, instituiu-se, nas relações internacionais, uma juridificação que aponta para além da tímida tentativa de delimitar a soberania estatal com base no direito das gentes (ao menos *in bello*).[14] O processo civilizador, que tendeu a acelerar logo após o final da Guerra Fria, pode ser descrito a partir de dois pontos de vista

---

12 Schmitt, *Der Begriff des Politischen*.

13 Nesse contexto reside a polêmica mantida por toda sua vida contra a penalização internacional da guerra; cf. Schmitt, *Die Wendung zum diskriminierenden Kriegsbegriff*.

14 Koskenniemi, *The Gentle Civilizer of Nations. The Rise and Fall of International Law 1870-1960*.

complementares: a domesticação da violência interestatal se orienta imediatamente para uma pacificação dos Estados; mas mediatamente, isto é, com a contenção da concorrência anárquica pelo poder e com a exigência de cooperação entre os Estados, essa pacificação possibilitou de maneira simultânea a construção de novas capacidades de ação no âmbito supranacional. Pois apenas com tais capacidades transnacionais de controle podem ser domesticados os poderes *sociais* naturalizados que se desencadeiam no plano transnacional, vale dizer, as coerções sistêmicas que transgridem impassivelmente as fronteiras nacionais (hoje, em especial, as coerções oriundas do setor bancário global).[15]

Naturalmente, a evolução do direito não se realizou até agora de maneira pacífica ou linear. Se de modo geral queremos falar de conquistas apenas nessa dimensão — assim como Kant as admitiu, em sua época, tendo em vista os efeitos da Revolução Francesa[16] —, os "progressos na legalidade" foram sempre efeitos colaterais das lutas de classes, das conquistas imperialistas e dos horrores coloniais, das guerras mundiais e dos crimes contra a humanidade, das destruições pós-coloniais e dos desenraizamentos culturais. Nessa dimensão da mudança constitucional, entretanto, notáveis inovações aconteceram sob nossos olhos.

---

15 Held; McGrew, *Governing Globalization. Power Authority and Global Governance*.

16 No *Conflito das Faculdades*, Kant, olhando para esse evento, fala "de um acontecimento de nosso tempo que comprova essa tendência moral do gênero humano". Contudo, é "meramente o modo de pensar dos espectadores que revela *publicamente* neste jogo de grandes transformações" uma disposição para o progresso na moral. Kant, *Der Streit der Fakultäten*, p.357.

Sobre a constituição da Europa

Duas dessas inovações esclarecem como é possível uma transnacionalização da soberania popular na forma de uma aliança democrática entre Estados nacionais. De uma parte, os Estados nacionais se subordinam a um direito estabelecido supranacionalmente; de outra, uma totalidade de cidadãos da União partilha o poder constituinte com um número limitado de "Estados constituintes", que recebem de seus povos um mandato para coatuar na fundação de uma comunidade supranacional.

Considerando o desenvolvimento da União Europeia sob esses pontos de vista, de modo algum está bloqueado o caminho para uma Europa (ou um núcleo da Europa) capaz de agir politicamente e ser democraticamente legitimada. E, com o Tratado de Lisboa, a extensão mais longa do caminho já foi trilhada (II). O papel civilizador da unificação europeia torna-se ainda mais ressaltado à luz de um cosmopolitismo de alcance mais amplo. Na última parte, retomarei aquela tendência do direito das gentes instituída com a proibição da violência bem como com a fundação da ONU e sua política de direitos humanos. Tentarei reunir as diferentes peças do quebra-cabeça de modo a compor uma imagem construtivamente projetada de uma ordem constitucional global (III).

II. A União Europeia diante da decisão entre democracia transnacional e federalismo executivo pós-democrático

A densa rede de organizações supranacionais há muito tempo levantou a suspeita de que a relação entre direitos fundamentais e democracia se extinguiu e de que as soberanias democráticas poderiam ser expropriadas pelos poderes amplamente independentes do Executivo.[17] A essa preocupação se misturam duas questões diferentes. Não posso tomar posição em tão curto espaço diante da questão empírica sobre a dinâmica econômica da sociedade mundial, que por décadas reforça um déficit democrático há muito tempo existente.[18] Porém, eu gostaria de me ocupar com outra tese, apoiada sobretudo no derrotismo político dos eurocéticos, a qual afirma que uma transnacionalização da soberania popular não seria possível sem uma redução do nível de legitimação.

Para tanto, tenho de eliminar um bloqueio mental que, ao sugerir uma dependência conceitual da soberania popular à soberania estatal, impede que se olhe para frente (I). Pretendo conceber então a transnacionalização da soberania popular com a ajuda de três componentes variáveis, os quais são plenamente satisfeitos apenas no âmbito nacional. Os três componentes são, primeiro, a comunitarização democrática de pessoas de direito livres e iguais; em segundo lugar, a organização de capacidades de ação coletiva; finalmente, o *medium* de integração de uma solidariedade civil entre estranhos. No âmbito europeu, esses componentes entram em uma nova configuração. As duas notáveis inovações residem no fato de os Estados membros, mantendo

---

17 Cf. a crítica de Ingeborg Maus, Menschenrechte als Ermächtigungsnormen internationaler Politik oder: der zerstörte Zusammenhang von Menschenrechten und Demokratie, p.276-292; e id., Verfassung oder Vertrag. Zur Verrechtlichung globaler Politik, p.350-382.

18 Zürn; Ecker-Erhardt (orgs.), *Die Politisierung der Weltpolitik* [no prelo]; ver também Held; McGrew, *The Global Transformation Reader. An Introduction to the Globalization Debate*.

Sobre a constituição da Europa

seu monopólio da violência, subordinarem-se ao direito supranacional, embora com uma reserva interessante (2), e em um
determinado sentido dividirem sua "soberania" com a totalidade
formada pelos cidadãos da União (3). Essa reconfiguração dos
componentes de uma coletividade democrática na forma de uma
Federação desestatizada não significa uma perda de legitimação,
pois os cidadãos europeus têm boas razões para acreditar que
o próprio Estado nacional, ao assumir o papel de um Estado
membro, *continua exercendo o papel constitucional* de um garantidor do
direito e da liberdade. Contudo, a "divisão da soberania" entre
cidadãos da União Europeia e os povos da Europa também precisaria ser convertida em uma colegislação, realizada de maneira
consequente, e na responsabilização simétrica da Comissão perante o Conselho e o Parlamento (4). Por fim, retornarei ao tema
dos limites da solidariedade dos cidadãos do Estado, os quais se
tornam evidentes na crise atual (5).

1. *Contra uma reificação da soberania popular*

Temos de saber o que queremos como significado da democracia antes de esclarecer um possível desacoplamento entre
procedimento democrático e Estado nacional. Autodeterminação democrática significa que os destinatários de leis coercitivas
são ao mesmo tempo seus autores. Em uma democracia, os
cidadãos são submetidos unicamente às leis que eles mesmos
se deram por meio de um procedimento democrático.[19] Este

---

19 Sobre o procedimento democrático e, no geral, para uma compreensão deliberativa da política democrática, ver meus artigos,

procedimento retira sua força legitimadora, por um lado, da inclusão (sempre mediada) de todos os cidadãos nos processos políticos de decisão e, por outro, do acoplamento entre decisões da maioria (necessariamente qualificadas) e uma formação deliberativa da opinião. Tal democracia transforma o uso de liberdades comunicativas por parte dos cidadãos em muitas forças produtivas para a *influência* legítima *sobre si mesma* – ou seja, ao mesmo tempo efetiva e generalizadora de interesses – *de uma sociedade civil organizada*. A influência cooperativa dos cidadãos nas suas condições sociais de existência exige um correspondente espaço de ação do Estado para a configuração política dos contextos de vida.

Nesse sentido, há uma relação conceitual entre a soberania popular e a soberania dos Estados. Da perspectiva de um aumento incontrolado de complexidade política da sociedade mundial, a qual limita sistematicamente cada vez mais o espaço de ação dos Estados nacionais, cria-se a exigência de expandir as capacidades de ação política para além das fronteiras nacionais a partir do sentido normativo da própria democracia. Na verdade, os Estados tentaram compensar, em parte, com a ajuda de organizações internacionais, a perda ocorrida nesse meio-tempo das capacidades para solucionar problemas;[20] mas, independentemente da problemática assimetria de poder na composição da maioria dos

---

Drei normative Modelle der Demokratie [1996], p.70-86; e Hat die Demokratie noch eine epistemische Dimension? Empirische Forschung und normative Theorie [2008], p.87-139.

20 Cf. sobre isso Zürn, Die Rückkehr der Demokratiefrage. Perspektiven demokratischen Regierens und die Rolle der Politikwissenschaft. *Bläter für deutsche und internationale Politik*, p.63-74.

Sobre a constituição da Europa

regimes contratuais internacionais, os Estados participantes, na medida em que são democraticamente constituídos, pagam o preço de um governo fundado na intergovernamentabilidade com níveis decrescentes de legitimação. Também o fato de os governos, que delegam seus representantes para organizações internacionais, serem democraticamente eleitos não pode compensar esses danos.[21] Com isso, conforme as funções do Estado nacional vão se deslocando para o âmbito dos governos transnacionais, o aumento do poder das organizações internacionais passa a solapar, de fato, os procedimentos democráticos dos Estados nacionais.

Se não quisermos nos resignar diante do fato de que a dependência crescente dos Estados nacionais em relação às coerções sistêmicas de uma sociedade mundial cada vez mais interdependente tem de ser reconhecida como irreversível, impõe-se então a necessidade política de ampliar os procedimentos democráticos para além das fronteiras nacionais. Essa necessidade surge da lógica de influência que uma sociedade civil democrática exerce sobre si mesma quanto aos pressupostos de sua existência:

> Quanto mais democrático for um sistema, tanto maior a possibilidade de seus cidadãos se governarem de acordo com as oportunidades que eles mesmos consideram mais importantes, e então, em muitos casos, um grande sistema seria mais democrático do que

---

21 Sobre as razões, cf. Möllers, *Die drei Gewalten. Legitimation der Gewaltengliederung in Verfassungsstaat, Europäischer Integration und Internationalisierung*, p.158 et seq.

um pequeno, pois seria maior a sua capacidade de dominar determinadas tarefas – como, por exemplo, a defesa nacional ou a poluição do meio ambiente.[22]

Certamente, isso ainda não elimina a dúvida de saber se a transnacionalização da soberania popular, de modo geral, permanece possível.[23] Os imperativos, que em outras circunstâncias resultariam da própria lógica da democracia, podem naturalmente malograr na realidade. O ceticismo mais persistente em relação a uma juridificação *democrática* da dominação política, que aponta para além das fronteiras nacionais, nutre-se, contudo, de uma incompreensão coletiva ao confundir soberania popular e soberania do Estado. Essa incompreensão – manifesta nas interpretações comunitarista e liberal, conservadora e nacionalista – deve-se à supergeneralização de uma constelação histórica casual e conduz ao desconhecimento do caráter artificial e, por isso, fluido de uma consciência da identidade nacional construída na Europa do século XIX.[24]

Cidadãos participam de uma práxis *comum* quando se envolvem em uma eleição democrática e são os únicos capazes de autorizar alguém a agir em nome de todos. Mas apenas em um sentido *distributivo universal* essa participação faz que decisões tomadas democraticamente sejam decisões de um coletivo. Estas derivam de uma multiplicidade de tomadas de posição individuais que são produzidas e realizadas segundo regras democráticas. Só uma

---

22 Dahl, R. A. Federalism and the Democratic Process, p.105.

23 Groß, Postnationale Demokratie – gibt es ein Menschenrecht auf transnationale Selbstbestimmung? *Rechtwissenschaft*, p.125-53.

24 Schulze, *Staat und Nation in der Europäischen Geschichte*, p.189.

Sobre a constituição da Europa

interpretação coletivista converte os resultados dos processos de formação plurais da opinião e da vontade em manifestações de uma vontade soberana do povo que se autoriza a agir. E apenas em razão dessa singularização reificante a soberania popular pode ser apresentada *como o reverso* da soberania do Estado. Ela aparece então como o reflexo da soberania de um Estado ornado com um *ius ad bellum* [direito à guerra] no sentido do clássico direito das gentes e, por isso, desfruta de liberdade de ação ilimitada, isto é, limitada apenas pelas decisões de sujeitos do direito internacional que concorrem entre si.[25] A partir de tal perspectiva, a ideia de uma soberania popular encontra sua realização na soberania externa do Estado: nessas ações, os cidadãos podem se enxergar em certa medida como membros ativos comuns de uma coletividade política.[26]

De fato, a liberdade republicana, o serviço militar obrigatório e o nacionalismo têm na Revolução Francesa a mesma origem histórica. Mas a força sugestiva da figura de pensamento que instituiu uma vinculação *forte* entre a autodeterminação democrática no

---

25 Considerando os pressupostos empíricos para a autonomia real de ação de um Estado reconhecido internacionalmente em seus limites e que de modo algum opera num espaço livre, reconhece-se o excedente semântico que sempre se vinculou ao conceito (proveniente do Absolutismo) de soberania e ironicamente – apesar das interdependências globais – ainda se vincula; para nosso contexto, cf. Walker (org.), *Sovereingty in Transition*.

26 Schmitt (*Verfassungslehre*, §17) inverteu essa relação na interpretação enfática de uma nova democracia plebiscitária: na execução de sua autoafirmação coletiva, principalmente na guerra, os cidadãos do Estado afirmam uma constituição política que não lhes garante uma cooperação democrática, mas sim uma tomada de posição plebiscitária.

âmbito interno e a soberania estatal no externo não pode ser generalizada para além desse contexto histórico. Pois a *liberdade de ação* do Estado soberano, garantida no direito das gentes clássico, é diferente daquela *autonomia sob as "leis da liberdade"* (Kant), da qual os cidadãos podem lançar mão no Estado constitucional. Enquanto a soberania do Estado é pensada segundo o modelo da liberdade de arbítrio, a soberania do povo se expressa de acordo com o modelo de uma legislação democraticamente universalizadora, garantindo liberdades iguais a todos os cidadãos. A "liberdade de arbítrio", de um ponto de vista conceitual, é essencialmente diferente da "liberdade legal". Por essa razão, o preço a ser pago pela restrição da soberania nacional em favor de uma transferência dos direitos soberanos às instâncias supranacionais de modo algum *tem* de ser o preço da interdição da cidadania. *Apenas se deixar intactos os procedimentos democráticos*, essa transferência pode dar continuidade àquele tipo de constitucionalização do poder estatal, ao qual os cidadãos, já no interior do Estado nacional, devem suas liberdades.

Portanto, as competências que foram transferidas do Estado nacional para instâncias supranacionais, ou distribuídas entre eles, certamente não devem ser apenas juridificadas, de modo geral, no regime dos tratados internacionais. Tais competências têm de ser juridificadas de forma *democrática*. No caso de uma transferência de direitos soberanos, o espaço de autonomia política [*staatsbürgerlich*] só não diminuiria caso os cidadãos de um Estado concernido participassem com os cidadãos dos demais Estados envolvidos do processo de legislação supranacional *de acordo com um procedimento democrático*.[27] O grau de complexidade se modificaria apenas com

---

27 Com essa condição "forte", excluo todas as propostas de compromisso que reduzem as exigências por legitimação a processos de decisão

Sobre a constituição da Europa

uma grande expansão territorial, ou seja, com uma ampliação meramente numérica do conjunto populacional dos participantes, mas não se altera necessariamente a qualidade do processo de formação da opinião e da vontade. Por isso, não se pode falar de uma restrição da soberania popular enquanto as transformações quantitativas nas dimensões social e espacial mantiverem intactos os próprios procedimentos, isto é, se elas não prejudicarem a deliberação e a inclusão.[28]

Com isso, a rede internacional surgida nesse ínterim só se deixará democratizar quando demonstrar ser possível compor, de um modo diferente daquele já existente no Estado nacional e sem perda de legitimação, os componentes conhecidos com base nas democracias nacionais. Dessa perspectiva, é instrutivo o teste

---

supranacionais. A legitimação democrática não pode ser substituída por um de seus momentos (como responsabilidade, justificação deliberativa, transparência ou legalidade); sobre essa discussão, cf. as contribuições de Jürgen Neyer, Erik Oddvar Eriksen, bem como de Frank Nullmeier e Tanja Pritzlaff em: Forst; Schmalz-Bruns (orgs.), *Political Legitimacy and Democracy in Transnational Perspective*.

28 Até mesmo um cético como Willian E. Scheuerman deixa de atribuir, desse ponto de vista, um peso fundamental para as supostas vantagens da pequena espacialidade. Sobre isso, ver seu artigo Der republikanismus der Aufklärung im Zeitalter der Globalisierung, p.251-70. Scheuerman afirma: "A pequena espacialidade não é um dado histórico que determina de modo claramente imediato a extensão adequada do território estatal, mas se trata aqui de uma condição historicamente transitória subordinada à 'condensação de tempo e espaço'" (ibid., p.265). Por outro lado, não devemos menosprezar o perigo de uma distorção sistemática, ao qual estão expostos os círculos de comunicação nas esferas públicas políticas, compostas espacialmente de forma ampla e heterogênea — em especial sob as condições impostas pelas mídias (quase) totalmente privatizadas como nos EUA.

ao qual a União Europeia tem de se submeter neste momento. Colocam-se em teste a vontade e a capacidade dos cidadãos, das elites políticas e dos meios de comunicação de massa para efetuar os próximos passos da integração – e, com isso, avançar no processo de civilização do exercício da dominação política.

2. *A primeira inovação: o primado do direito supranacional sobre o direito nacional dos detentores do monopólio da violência*

A União Europeia se estabilizará no longo prazo apenas se, sob a coerção dos imperativos econômicos, realizar os devidos passos para uma coordenação de políticas relevantes, não no estilo burocrático-governamental até agora costumeiro, mas em direção a uma juridificação suficientemente democrática. Contudo, emperramos nos próximos passos de um projeto político-constitucional na medida em que nos movemos no interior do espectro conceitual entre Confederação e Federação, ou nos contentamos então em negar essa alternativa *de uma maneira indeterminada*. Antes de podermos saber quais são os déficits de legitimação que por enquanto ainda incidem nas decisões europeias, temos de reconhecer a qualidade democrática da forma já adotada pela União Europeia com o Tratado de Lisboa.[29]

Com esse objetivo, distinguirei três elementos que, de um modo ou de outro, têm de ser incorporados em toda comunidade democrática:[30]

---

29 Pernice,Verfassungsverbund, p.102-9.

30 Brunkhorst, A Polity Without a State? European Constitutionalism Between Evolution and Revolution; Brunkhorst, State and Constitution: A Reply to Scheuerman, *Constellations*, p.493-501.

Sobre a constituição da Europa

— a comunitarização de pessoas de direito que, em um espaço determinado, unem-se para formar uma associação de cidadãos livres e iguais, concedendo reciprocamente direitos que garantem a todos igual autonomia privada e pública;

— a distribuição de competências no espaço de uma organização que assegura, com meios administrativos, a capacidade de ação coletiva dos cidadãos associados; e

— o *medium* de integração de uma solidariedade civil estatal ou supraestatal necessária para uma formação política comum da vontade e, com isso, também para a produção comunicativa de um poder democrático e para a legitimação do exercício da dominação.[31]

Considerando o sistema do direito, os dois primeiros componentes são tratados geralmente na parte dos direitos fundamentais e na parte organizacional de uma constituição, ao passo que o terceiro componente refere-se ao "povo de um Estado", como exigência funcional para a formação democrática da vontade, ou seja, refere-se, em primeiro lugar, às condições

---

31 Os três componentes são as pedras angulares de um sistema de ação política. Eles se relacionam com: a constitucionalização de uma comunidade de pessoas de direito; a autorização para a ação coletiva; e um horizonte compartilhado no mundo da vida em que se pode formar comunicativamente uma vontade coletiva. Essa conceitualização, contudo, não deve representar um precedente para que uma análise da ciência política seja conduzida exclusivamente do ponto de vista da *teoria da ação*. A esfera pública política se comunica, na linguagem do direito que circula pela sociedade e por meio da organização estatal, com todos os outros *sistemas funcionais* da sociedade.

políticas e culturais para a conjunção comunicativa de uma esfera pública política. Na medida em que a constituição acopla conjuntamente o direito e a política através do *medium* jurídico, torna-se importante a distinção que se segue para diferenciar as perspectivas da ciência jurídica e da ciência política. Apenas o componente da comunitarização tem *imediatamente* um caráter jurídico, visto que a sociedade civil *se constitui apenas* no *medium* do direito; uma coletividade política que satisfaça as condições de uma legitimação democrática pode existir somente na forma de uma associação comunitária horizontal de parceiros de direito. O segundo componente, concernente à organização, regula a disposição sobre o poder político – aqui os fluxos do poder administrativo (nos quais o sistema administrativo se relaciona com outros sistemas funcionais da sociedade) são canalizados juridicamente. O terceiro componente, relativo ao pano de fundo político e cultural funcionalmente necessário para a formação da opinião e da vontade, não pode senão ser pressuposto pelo direito e, quando muito, promovido por meio de medidas políticas.

Esses três componentes se juntam de maneira *congruente* somente no âmbito nacional, seja na forma de um Estado unitário ou de uma Federação. Nesse Estado constitucional, o poder estatal é programado com base nos procedimentos democráticos e na gramática de leis gerais, de tal modo que os cidadãos podem exercer sua dominação sobre órgãos do Legislativo, do Executivo e do Judiciário. Os cidadãos de uma coletividade democrática não se submetem apenas faticamente ao direito por causa da ameaça das sanções do Estado; eles também podem aceitar o direito como fundamentalmente "justo" porque foi democraticamente instituído. Esse modo de juridificação democrática da

Sobre a constituição da Europa

dominação política significa uma *civilização do poder*, na medida em que o Executivo eleito pelo povo, embora disponha dos meios de violência alojados nas casernas, tem de se manter vinculado à Constituição e ao direito. Esse "tem de" não expressa uma coerção faticamente imposta sobre o comportamento, mas um dever normativo ancorado em contextos culturais e políticos. Cada golpe militar reconhecido como democracia de fachada, cada golpe apoiado pelas elites economicamente poderosas e socialmente influentes mostra que esse dever não é evidente.

Já no âmbito nacional, o elemento civilizador reside na subordinação da violência arbitrária a um direito legitimamente estabelecido pelos (e em nome dos) sujeitos à dominação. Naturalmente, esse elemento pertence à validade do direito positivo uma vez que o desvio de comportamento é sancionado estatalmente. Mas quem sanciona o detentor do monopólio da violência, se ele quiser agir diferentemente? No Estado nacional, os detentores do monopólio da violência que procuram observar as leis já estão sujeitos ao direito democrático. Mas, enquanto aqui as instituições que estabelecem e impõem o direito são órgãos do *próprio* Estado, na União Europeia o estabelecimento e a imposição do direito ocorrem em âmbitos diferentes. À primeira vista, algo semelhante parece acontecer nas federações. Também no sistema multidimensional da República Federal da Alemanha a lei federal prevalece sobre a lei estadual, ao passo que os governos estaduais sempre mantêm o direito de dispor da polícia (inclusive das Forças Armadas). Ao mesmo tempo, existe uma diferença decisiva entre o sistema multidimensional nacional e o europeu.

Enquanto no Estado nacional dividido por federações a competência para modificar a constituição permanece em regra nas mãos do governo federal, no sistema multidimensional europeu se procura atribuir um primado ao direito da União sobre o direito dos Estados membros, embora os órgãos da União não disponham de tal competência.[32] Mas, se os Estados membros não podem mais ser considerados simplesmente como "senhores dos tratados", então eles têm de entrar em acordo de forma consensual sobre as alterações ordinárias nos tratados. A coletividade supranacional se constitui como comunidade de direito e mantém a obrigatoriedade do direito da União, mesmo sem a proteção dada pelo monopólio da violência ou pelo poder das decisões últimas. Com esse arranjo, alteram-se os pesos na relação entre o poder de sanção do Estado e o direito. No exercício de suas competências legislativas e judicativas, a União Europeia vincula os Estados membros como órgãos executivos, sem dispor de seus potenciais de sanção. E os detentores do monopólio da violência estatal podem se empenhar pela execução de um direito europeu que tem de ser "transposto" para o plano nacional. Com essa primeira das duas inovações, que considero como passos significativos para uma civilização do núcleo do poder estatal, a constituição da coletividade supranacional se desprende dos poderes estatais de organização de seus membros.

Mas como entender o primado do direito europeu? Foram pioneiras as decisões da Corte Europeia desde o processo Van Gend & Loss, do ano de 1963. A partir de então, a Corte sempre voltou a reforçar que a disposição concreta à obediência por parte dos Estados membros seria indispensável para a igualda-

---

32 Callies, *Die neue Europäische Union nach dem Vertrag von Lissabon. Ein Überblick über die Reformen unter Berücksichtigung ihrer Implikationen für das deutsche Recht*, p.84 et seq., 352 et seq.

Sobre a constituição da Europa

de jurídica dos cidadãos da União.[33] As consequências dessas decisões resultam do fato de os tratados da União Europeia estabelecidos entre seus órgãos e seus cidadãos fundarem uma relação imediatamente jurídica e, com isso, criarem um âmbito jurídico autônomo do direito dos Estados membros. Por outro lado, a falta de uma competência para alterar a Constituição (na expressão do século XIX, "competência-competência" [Kompetenz-Kompetenz][*]) traz, sim, consequências para o modo como é concebida a posição que o novo âmbito jurídico europeu ocupa diante do nacional. Se a União não dispuser de uma competência para tomar as decisões últimas, a subordinação faticamente eficaz do direito nacional em face do direito da União não pode ser esclarecida recorrendo-se à hierarquização usual entre lei federal e lei estadual ou entre direito constitucional e direitos secundários. O primado do direito europeu segue uma outra lógica. Claudio Franzius fala de um "primado na aplicação"[34] funcionalmente fundamentado, e Armin von Bogdandy, de uma "eficácia" do direito europeu ao "obrigar os Estados membros a realizar a finalidade regulatória de uma norma estabelecida pela comunidade de direito".[35]

Porém, como se pode fundamentar um "primado na aplicação" com base na autonomia própria ao direito da comunidade, se esse âmbito jurídico não pode pretender qualquer "primado na validade" sobre as ordens jurídicas nacionais? Mesmo o Tribunal Constitucional Federal de Karlsruhe, em suas decisões

---

33 Franzius, *Europäische Verfassungsrechtsdenken*, p.38 et seq.

* Princípio jurídico segundo o qual o Tribunal tem poder para decidir de acordo com sua própria jurisdição. (N. T.)

34 Ibid., p.42.

35 Von Bogdandy, Grundprinzipien, p.38.

sobre o Tratado de Maastricht e sobre o Tratado de Lisboa, contou com uma *reserva* das constituições nacionais em relação ao estabelecimento do direito europeu. Quanto à crítica justificada a essas duas sentenças, que de modo algum são favoráveis ao projeto europeu, as cortes nacionais devem se compreender, quanto à interpretação dos tratados da União Europeia, como guardiãs legítimas da substância democrática das constituições dos respectivos países membros. As cortes não estão autorizadas (como afirma falsamente o Tribunal Constitucional Federal)[36] a controlar os limites da transferência dos direitos soberanos nacionais para o âmbito europeu, mas certamente (como se segue do artigo 4, inciso 2 da Constituição da União Europeia) a proteger a integridade dos princípios constitucionais nacionais, que são constitutivos para a construção jurídica e democrática de cada Estado membro. Nos conflitos entre as Cortes dos dois âmbitos,[37] reflete-se uma dependência e um entrelaçamento complementares entre as constituições nacionais e o direito da comunidade, o que inspirou Ingolf Pernice a descrever a União como uma "aliança constitucional".[38] Para esclarecer como os Estados membros que ainda são detentores do monopólio da violência se subordinam ao direito de uma comunidade que não

---

36 Schönberger, Lisbon in Karlsruhe: Maastricht's Epigones at Sea, *German Law Journal*, p.1201-18; Halberstam; Möllers, The German Constitutional Court Says *"Já zu Deutschland!"*, *German Law Journal*, p.1241-58.

37 Conflitos que a Corte Constitucional Espanhola quis solucionar semanticamente com a ajuda dos conceitos *primacía* e *supremacía*; cf. Franzius, C. *Europäisches Verfassungsrechtsdenken*, p.47.

38 Pernice, Europäisches und nationales Verfassungsrecht, *Veröffentlichungen der Vereinigung der Deutscher Staatsrechtslehrer*, p.149-93.

Sobre a constituição da Europa

possui competência para requerer mudanças na Constituição, temos de recorrer à segunda das inovações jurídico-constitucionais citadas. Da perspectiva de um processo constituinte *reconstruído racionalmente*, a subordinação ao direito europeu pode ser concebida como uma consequência do fato de que dois diferentes sujeitos constituintes cooperam mutuamente, considerando o objetivo comum da criação de uma coletividade supranacional.

Tendo em vista uma constitucionalização do direito das gentes, insisto primeiro que se cristalizou com a União Europeia uma comunidade constituída que desfruta da autoridade do estabelecimento obrigatório do direito sem a proteção de um poder estatal congruente perante os Estados membros. No começo da unificação europeia, a força civilizadora dessa inovação se expressou, sobretudo, na pacificação de um continente sangrento; entrementes, ela se manifestou na batalha pela construção de capacidades superiores de ação política. Desse modo, os povos de um continente de peso político e econômico reduzidos tentam reconquistar certo espaço de ação política diante de potências políticas e de coerções sistêmicas de uma sociedade globalizada. Se forem bem-sucedidos, podem utilizar esse espaço não apenas defensivamente, para a preservação de seu ambiente cultural, mas também ofensivamente, para uma outra e ainda mais árdua construção de capacidades globais de controle. Voltarei depois a esse ponto.

3. A segunda inovação: a divisão do poder constituinte entre os cidadãos da União e os povos europeus

Na medida em que a comunidade constitucional dos cidadãos europeus se desprende dos núcleos organizacionais dos

Estados membros,[39] todos os componentes entram em uma nova constelação. Enquanto os Estados membros mantiverem o monopólio da violência e transferirem os direitos de soberania para a União pela via da autorização individual e limitada, a União poderá se apoiar somente em um componente organizacional comparativamente fraco. A Comissão Europeia (contrariamente à opinião popular sobre o "Monstro de Bruxelas")[40] dispõe de um aparato governamental limitado, que deixa ao critério dos parlamentos e das administrações dos Estados membros a "transposição" do direito da União.[41] E como a própria União não forma um caráter estatal, seus cidadãos não desfrutam em sentido estrito do *status* de cidadãos *do Estado*. Todavia, existe a expectativa de que, a partir de uma confiança recíproca crescente entre os povos europeus, desenvolva-se entre os cidadãos da União uma forma transnacionalmente ampliada, mesmo que atenuada, de solidariedade civil.

Ao pretender que as mesmas pessoas sejam capazes de aprender a diferenciar o papel daquele pertencente a um "povo europeu" e o de um "cidadão da União", tocamos na questão central sobre o conceito jurídico correto para essa atípica coletividade federativa. Para tanto, é insuficiente a resposta negativa segundo a qual a União não deveria ser definida nem como Confederação nem como Federação. A posição proeminente que o Tratado de

---

39 Christian Callies fala de uma "compreensão material da Constituição que afasta do Estado o conceito de Constituição" (*Die neue Europäische Union nach dem Vertrag von Lissabon*, p.73).

40 Enzensberger, *Sanftes Monster Brüssel oder Die Entmündigung Europas*.

41 Sobre o bom papel do Parlamento nacional como guardião da subsidiariedade, cf. Caliies, *Die neue Europäische Union nach dem Vertrag von Lissabon*, p.182 et seq.

Sobre a constituição da Europa

Lisboa atribui ao Conselho Europeu e ao Conselho Ministerial reflete o papel histórico dos Estados membros como iniciadores e mola propulsora da unificação europeia. Diferentemente das constituições nacionais dos séculos XVIII e XIX, a constituição da União é obra das elites políticas. Enquanto naquelas os cidadãos revolucionários se uniam para derrubar o antigo regime, desta vez são os Estados, vale dizer, atores coletivos que, com a ajuda de um instrumento contratual baseado no direito das gentes, associam-se para cooperar em campos políticos limitados. Entretanto, apesar desse papel ativo dos atores estatais, durante o percurso do processo de unificação os pesos na estrutura organizacional se modificaram consideravelmente em favor dos cidadãos europeus.[42]

A comunidade formada pelo Tratado Internacional se transformou em uma União Política por tempo indeterminado. Com a introdução de uma cidadania própria da União, com a referência explícita a um interesse europeu pelo bem comum e com o reconhecimento da União como personalidade jurídica própria, os tratados se tornaram a base de uma comunidade politicamente constituída. Diante da constituição democrática de uma Federação nacional, o nome "tratado constitucional" pode, no entanto, sinalizar a situação particular de que a União Europeia quer ser entendida como uma comunidade *supraestatal*, sem deixar de ser democraticamente constituída (e, do mesmo modo, legítima). A União partilha o caráter supraestatal com as federações das eras pré-democráticas, com os Antigos Impérios e com as uniões de cidades-Estado; mas, diferentemente das

---

42 Sobre isso, cf. Bast, Europäische Gesetzgebung: Fünf Stationen in der Verfassungsentwicklung der EU, p.173-80.

confederações clássicas, a construção da União deve satisfazer inequivocamente os princípios democráticos. Dessa perspectiva, em um tom declamatório os artigos 9 a 12 do Tratado de Lisboa não deixam a desejar.[43]

Para esclarecer a estrutura jurídico-constitucional dessa configuração peculiar, recomenda-se reconstruir a história de surgimento, teleologicamente interpretada, de tal modo como se o resultado histórico mais ou menos contingente tivesse sido produzido de modo intencional por uma assembleia constitucional devidamente composta. Se buscássemos um equivalente para aquilo que, no caso da América do Norte, desempenharam as cartas, os ensaios e os discursos dos federalistas e dos antifederalistas entre setembro de 1787 e agosto de 1788,[44] dificilmente toparíamos na Europa com um semelhante debate público engajado entre leigos instruídos e intelectuais.[45] Há mais de uma década que aqui o debate é dominado por uma discussão entre representantes de disciplinas especializadas, sobretudo juristas, mas também cientistas políticos e sociais.[46] Seria mais equânime afirmar o seguinte: *"Much of the best scholarly imagination has flown into*

---

43 Ver a posição enfática de Armin von Bogdandy, Democratic Legitimacy of Public Authority Beyond the State – Lessons from EU for International Organizations.

44 Baylin, *The Debate on the Constitution: Federalist and Antifederalist Speeches, Articles, and Letters During the Struggle over Ratification, September 1787-1788.*

45 Sobre os contextos nacionais de uma discussão altamente fragmentada entre os intelectuais europeus, cf. Lacroix; Nicoläides (orgs.), *European Stories. Intellectual Debates on Europe National Contexts.*

46 Um bom sobrevoo sobre os debates em torno da Europa na Grã-Bretanha, França e Alemanha é apresentado por Münch, *Die Konstruktion der Euopäischen Gesellschaft. Zur Dialektik von transnationaler Integration um nationaler Desintegration*, p.186-340.

Sobre a constituição da Europa

efforts how to unfold the European Union in a democratic way, and public opinion has participated in these efforts".[47]

Como no caso norte-americano, também entre nós se acirrou o conflito entre os eurocéticos, defensores dos Estados, e os federalistas, que defendem a transferência dos direitos de soberania para a União. Mas, diferentemente das sociedades norte-americanas formadas pela imigração e constituídas por Estados coloniais que lutavam pela independência, os federalistas se deparam, sobretudo em uma Europa marcada pela diversidade linguística e cultural, com a obstinação política da *primeira geração* de Estados nacionais desenvolvidos e com experiência de guerra (que no curso do século XX também se diferenciaram uns dos outros no que se refere à construção de seus regimes de bem-estar social). Além disso, a unificação europeia não se encontra, como a unificação norte-americana, no início da experimentação com formas de Federação sob as condições do sistema estatal moderno. Hoje todas as federações se adaptaram mais ou menos ao formato do Estado nacional; ao menos desde a Segunda Guerra, também os EUA se tornaram Federação. As Nações Unidas podem se entender no começo do século XXI como uma união de 193 Estados nacionais.[48] Do ponto de vista da União Europeia, repete-se de modo ainda mais urgente a questão com a qual James Madison se viu confrontado em 1787: pode uma associação composta pelos próprios Estados

---

47 [Trad.: "Muito da melhor imaginação acadêmica foi direcionado para os esforços de desenvolver a União Europeia de maneira democrática, e a opinião pública participou desses esforços." – N. T.] Formulação oral de Armin von Bogdandy.

48 Carl Schmitt também vê no Estado federal "a solução das antinomias da federação" (*Verfassungslehre*, p.375).

membros democraticamente constituídos ser suficiente para preencher as condições de legitimidade democrática sem que o âmbito nacional se subordine claramente ao federal?[49]

De maneira consequente, Madison vinculou a questão da legitimação à questão da constituição da União e a respondeu afirmando que o conjunto dos Estados fundadores só poderia decidir consensualmente na medida em que a própria Constituição tivesse de delimitar e sopesar as competências entre os âmbitos políticos, de tal modo que possíveis conflitos entre os órgãos constitucionais poderiam ser pragmaticamente resolvidos, mesmo sem clara regulação das prioridades. Com a renúncia a um comprometimento normativo contido na pergunta sobre quem deve ter a última palavra, também se deixa sem resposta saber a quem exatamente poderia se referir o sujeito da primeira sentença do texto constitucional: *"We the people of the United States"*. Trata-se do conjunto dos cidadãos da União ou das gentes dos Estados em particular? Segundo a interpretação de Madison, deveríamos deixar para a política a tarefa de equilibrar os pesos em caso de conflito. Autores que se vinculam a tais concepções[50] conseguem bons argumentos contra uma redução da discussão do caso europeu voltada às alternativas, conhecidas na história constitucional alemã, entre Federação e Confederação.[51] A referência, usual nesse contexto, à "Dou-

---

49 Baylin, *The Debate on the Constituion*, v.2, January to August 1788, p.26-32.

50 Schütze, On "Federal" Ground: The European Union as an (Inter) National Phenomenon, *Common Market Law Review*, p.1069-105.

51 Oeter, Föderalismus und Demokratie; cf. também a crítica às premissas federativas do Tribunal Constitucional Federal de Karlsruhe que Christopher Schönberger avalia em seu artigo, Lisbon in Karlsruhe: Maastricht's Epigones at Sea.

Sobre a constituição da Europa

trina Constitucional da Federação", de Carl Schmitt, deixa de fora, no entanto, a questão sobre a legitimação democrática da Federação,[52] pois Schmitt desconsidera a questão normativa do portador do poder constituinte "do povo". Diferentemente de Madison, ele tinha em vista as formas pré-democráticas de Federação, limitando-se aos processos políticos de decisão no interior da Federação constituída.

Encontramos uma resposta satisfatória para a questão da legitimação que nos interessa apenas se identificarmos corretamente os poderes constituintes. Após o artigo 1, inciso 2 do Tratado de Maastricht do ano de 1991 ter dado início a uma "União cada vez mais estreita *entre os povos* da Europa", o artigo 1, inciso 1 do Tratado que funda uma Constituição para a Europa já passou a se referir aos dois sujeitos constituintes, isto é, tanto "às cidadãs e aos cidadãos" como "aos Estados" europeus.[53] Mesmo malogrando a Constituição da convenção de 2004, o Tratado de Lisboa recomenda o fim de uma soberania "dividida" entre cidadãos e Estados[54] porque o Parlamento, ao propor mudanças no tratado constitucional (de modo igualmente restrito), não somente está submetido ao procedimento como se coloca diante do Conselho como órgão de igual nível nos "procedimentos legislativos ordinários".

---

52 Schönberger, Die Europäische Union als Bund, *Archiv des öffentlichen Rechts*, p.81-120.

53 "Inspirada na vontade de cidadãs e cidadãos e dos Estados da Europa de construir o seu futuro comum, essa Constituição funda a União Europeia, à qual os Estados membros atribuem competências para realizarem os seus objetivos comuns."

54 Callies, *Die neue Europäische Union nach dem Vertrag von Lissabon*, p.71.

Do ponto de vista de uma teoria da democracia, contudo, esse novo elemento do sujeito constituinte cindido entre "cidadãos" e "Estados" exige uma qualificação importante.[55] Os cidadãos participam de duas maneiras na constituição de uma comunidade política superior: em seu papel como futuro cidadão da União e como membro da população de um Estado. Por isso, a Constituição da União Europeia – não obstante o fato de um de seus dois pilares de sustentação consistir *imediatamente* de coletivos – preserva também, como todas as ordens jurídicas modernas, um caráter estritamente individualista: ela se baseia *em última instância* nos direitos subjetivos dos cidadãos. Desse modo, seria mais consequente reconhecer como o outro sujeito do processo constituinte não os próprios Estados membros, mas sim seus povos: "Na medida em que estão operando princípios democráticos, os tratados falam das gentes dos Estados membros, por um lado, e dos cidadãos da União, por outro lado".[56]

Referindo-se a Anne Peters, também Claudio Franzius defendeu a adoção de um *pouvoir constituant mixte* [poder constituinte misto].[57] Se desse modo concebemos os cidadãos individuais como o único fundamento da Constituição, evitamos assim

---

55 Agradeço a Peter Niesen por essa referência importante.

56 Von Bogdandy, Grundprinzipien, p.64. A referência a Kant é interessante nesse contexto; ver o Comentário de Oliver Eberl e Peter Niesen sobre *À paz perpétua,* de Kant: "Kant fala principalmente da liberdade dos povos, não dos Estados [...] Isso significa que para Kant [...] se trata da liberdade dos povos instituída pelo Estado de direito e não da liberdade dos Estados instituída pelo direito internacional" (In: Kant, *Zum ewigen Frieden*, p.166).

57 Claudio Franzius (*Europäisches Verfassungsrechtsdenken*, p.57) escreve o seguinte: "Os cidadãos, como cidadãos do Estado e da União, são os portadores do processo de constitucionalização".

Sobre a constituição da Europa

uma falsa mudança de rumo. Não se trata da questão de saber se reconhecemos "originalmente" nesses sujeitos constituintes, como disse James Madison, os cidadãos dos Estados fundadores que pelo processo constituinte *foram autorizados pela primeira vez a se tornar cidadãos da União;*[58] ou se encontramos neles *imediatamente* os futuros cidadãos da União. Essa infeliz alternativa seria, além disso, prejudicial para a descrição das competências autorizadas a tomar as decisões últimas. Armin von Bogdandy indica o caminho mais consequente para a solução do problema de saber por onde medir o caráter democrático de uma comunidade federativa desestatizada: "Teoricamente é mais convincente conceber apenas os indivíduos, *que são (ao mesmo tempo) cidadãos do Estado e da União*, como os únicos sujeitos de legitimação".[59]

No nosso cenário, são *as mesmas* pessoas que participam no processo constituinte simultaneamente nos papéis de (futuros) cidadãos tanto da União como de seus próprios Estados membros. No exercício da unificação pessoal desses dois papéis, os próprios sujeitos constituintes já precisam estar conscientes de que, como cidadãos pertencentes aos dois caminhos de legitimação percorridos pelo Parlamento e pelo Conselho, são

---

58 Nesse sentido, Ingolf Pernice defende a interpretação segundo a qual os direitos soberanos da União Europeia devem ser transferidos "originalmente dos cidadãos dos Estados membros" (Verfassungs-verbund, p.106). Segue-se que "a cidadania da União é um *status* político comum vinculado à União e à sua legitimação. Os próprios cidadãos dos Estados membros se conferiram tal *status* como cidadãos do Estado por meio da Constituição da União Europeia" (ibid., p.108).

59 Von Bogdandy, Grundprinzipien, p.64 (grifo de Habermas).

adotadas uma ou outra perspectiva de justiça respectivamente – a do cidadão europeu ou a do membro de um determinado Estado nacional. O que conta como orientação ao bem comum no interior de um Estado nacional se transforma, no âmbito europeu, na generalização de interesses particulares limitados a um determinado povo, a qual pode entrar em conflito com aquela generalização de interesses comum a toda Europa e capaz de preencher a expectativa de todos os cidadãos da União. Com isso, ambos os papéis do sujeito constituinte da comunidade constituída ganham um significado institucional: no âmbito europeu, o cidadão deve poder simultânea e igualmente formar seu juízo e decidir politicamente, seja como cidadão da União ou também como membro pertencente ao povo de um Estado. Cada cidadão participa no processo europeu de formação da opinião e da vontade tanto como o *indivíduo* europeu capaz de autonomamente dizer "sim" ou "não", como também como *membro* de uma determinada nação.

4. A soberania dividida como critério para as exigências de legitimação da União

A expressão "soberania dividida" é equívoca. A soberania do povo, ou seja, o "poder" que "emana do povo", ramifica-se e se dispersa, desde o início, no interior de uma comunidade democraticamente constituída, infiltrando-se nos fluxos comunicativos do Legislativo, do Executivo e do Judiciário. Em nosso contexto, trata-se de outra divisão da soberania. A divisão do poder constituinte divide a soberania *na origem da coletividade a ser constituída* e não apenas *na fonte da coletividade constituída*. Ela esclarece por que a União Europeia divide com as Federações o

Sobre a constituição da Europa

caráter de um sistema político multidimensional, mas não deve ser concebida como um tipo de república federal *incompleta*. Um Estado nacional, mesmo quando é construído federativamente no âmbito interno, é constituído somente pela totalidade dos cidadãos que compõem a nação.[60] Retrospectivamente, a fundação da União Europeia, ao contrário, é pensada de modo a cindir os cidadãos participantes (ou seus representantes) desde o início em duas *personae*; assim, toda pessoa que se figura como cidadã europeia no processo constituinte se vê de certa forma como cidadã do povo de um Estado já constituído.

Também nas federações a distribuição das competências geralmente é atribuída a uma autoridade individual limitada dos órgãos federais. Mas na medida em que os cidadãos de um Estado nacional aparecem como único sujeito constituinte do Estado em seu conjunto, eles reforçam não somente o primado da lei federal, mas também reservam a competência para alterar a Constituição ou por si próprios (com referendos nacionais) ou por órgãos legislativos da federação.[61] A imagem de

---

60 Embora nos EUA, ainda em 1995, a decisão da Suprema Corte dissesse que o sujeito *"We the People"*, nomeado no artigo 1, inciso 2 da Constituição dos Estados Unidos, tivesse de ser entendido não no singular como o povo de uma federação, mas no sentido da totalidade dos "povos" dos Estados membros, esse resultado surpreendente fala a favor da persistência de antigas lealdades, mas não contra a necessidade conceitual de uma diferenciação entre âmbitos que constituem uma coletividade política e âmbitos que, dado o caso, se constituem *nela*; sobre esse caso, cf. Schönberger, Die Europäische Union als Bund, p.81 et seq.

61 Isso vale também para a Constituição Federal Suíça de 1999 (artigos 192-194), embora (de acordo com o preâmbulo e com o artigo 1, inciso 1) a nacionalidade suíça esteja fundada simultaneamente

uma soberania "originalmente dividida" exclui a possibilidade de existir no âmbito europeu uma tal "competência-competência". Na verdade, os sujeitos constituintes em seu papel de pertencentes dos (futuros) Estados membros estão preparados para transferir uma parte dos direitos soberanos de seus Estados já constituídos para a nova comunidade; eles assim o fazem, porém, com uma reserva que também vai além da garantia usual da estrutura parcialmente estatal da comunidade federal. Antes, os povos europeus asseguram com sua participação no processo constituinte que, no interior da coletividade federal, o próprio Estado permaneça preservado em *sua função de garantir a liberdade* própria de um Estado democrático de direito.

Sob o ponto de vista político-constitucional, segundo o qual a União *não deve aprimorar* nos Estados o nível já alcançado de domesticação e civilização do poder estatal, é compreensível também a reserva das Cortes Constitucionais nacionais em relação ao primado na aplicação que caberia ao direito europeu: a medida efetiva no âmbito nacional de liberdades civis garantidas pelo Estado deve servir como padrão que o direito europeu tem de satisfazer antes de ser transposto para o âmbito nacional. Só assim se torna compreensível de modo geral a posição relativamente forte dos Estados membros que se manifestou não somente na reserva do monopólio da violência e (por enquanto, de um modo ainda desproporcional) na abordagem ao processo legislativo europeu. Duas outras divergências do modelo federativo são interessantes.

---

no "Povo Suíço e nos Cantões". Ademais, o Órgão da Federação desfruta das prerrogativas (artigos 184-186) que caracterizam a competência-competência de uma Federação.

Sobre a constituição da Europa

Enquanto a Constituição norte-americana, no artigo V, torna as *emendas* dependentes do consentimento dos órgãos legislativos da *maioria* dos Estados,[62] as alterações nos tratados da União Europeia (segundo o procedimento de mudança ordinário, de acordo com o artigo 48 da Constituição da União Europeia) exigem uma *unanimidade* entre os Estados membros. A soberania *parcialmente* conservada dos Estados membros encontra uma expressão exemplar semelhante na garantia de um direito de retirada (segundo o artigo 50 da Constituição da União Europeia); embora a União tenha sido estabelecida por tempo indeterminado, cada Estado membro é livre para *reconquistar* a medida de soberania que ele desfrutava antes de entrar na União. As modalidades a serem levadas em consideração para a efetivação da vontade de retirada, contudo, mostram que "a competência-competência de uma liberdade de arbítrio juridicamente desvinculada não funda o direito de retirada";[63] pois aquela "divisão da soberania" original admitida por um Estado membro no momento de sua entrada na União é incompatível com a reserva das próprias decisões soberanas.

No entanto, coloca-se a questão de saber se – de acordo com os critérios de uma juridificação *democrática* do governo para além do Estado nacional – essas divergências sobre o modelo

---

62 É preciso reforçar, contra comparações equivocadas do desenvolvimento constitucional europeu com o norte-americano, que a Constituição dos Estados Unidos com essa disposição (diferentemente dos tratados da União Europeia) estababeleceu os trilhos para o desenvolvimento em cujo curso os Estados Unidos assumiram o formato de uma Federação.

63 Franzius, *Europäisches verfassungsrechtsdenken*, p.134; cf. também Schönberger, Die Europäische Union als Bund, p.103.

conhecido de legitimação não revelaria um déficit. Segundo minha concepção, elas não têm de significar uma perda de legitimação caso ambos os sujeitos constituintes, vale dizer, os cidadãos da União e os povos europeus, apresentem-se um dia de maneira consequente em todas as funções legislativas como parceiros em pé de igualdade. Como já dito, a divisão da soberania como tal pode ser justificada na medida em que os cidadãos da União têm boas razões para manter no âmbito europeu o papel juridicamente igual de seus Estados. Os Estados nacionais, na qualidade de Estados democráticos de direito, não são apenas atores no longo caminho histórico que leva à civilização do núcleo violento da dominação política, mas representam conquistas *permanentes* e formas vitais de uma "justiça existente" (Hegel). Por isso, os cidadãos da União podem ter um interesse fundamental em que o próprio Estado nacional, ao assumir o papel de um Estado membro, também desempenhe *doravante* a função de *garantir o direito e a liberdade*. Os Estados nacionais são mais do que a incorporação de culturas nacionais que vale a pena preservar; eles *garantem* um nível de justiça e liberdade que os cidadãos querem, com razão, ver mantido.

Nesse ponto, nossa reflexão não deve se perder em considerações comunitaristas. O interesse na preservação de formas de vida marcadas *culturalmente*, em que os cidadãos reconhecem uma parte de sua própria identidade coletiva, certamente *também* é uma razão relevante do ponto de vista jurídico-constitucional. Mas se o interesse crucial dos cidadãos consistisse na conservação de seus Estados nacionais, eles poderiam satisfazê-lo no espaço de uma Europa federativamente constituída levando em consideração o princípio de subsidiariedade. No quadro de uma Federação, reconhece-se que a autonomia dos Estados ou

Sobre a constituição da Europa

países subordinados visa a proteger sua *particularidade sociocultural e regional* historicamente definida – e não porque essas unidades autônomas ainda seriam usadas *como garantias de iguais liberdades para os cidadãos*.[64] Em virtude dessa caução, os membros das gentes europeus querem *simplesmente partilhar* o poder constituinte com os cidadãos da União em vez de se fiar no papel de cidadãos da União – aos quais somente caberia de outro modo também a competência para modificar a Constituição.

A soberania dividida fornece o critério para as exigências de legitimação de uma coletividade supranacional desestatizada. Desse modo, porém, é possível não apenas justificar os desvios do modelo da Federação, mas também identificar o déficit democrático dos tratados da União Europeia vigentes. Primeiro, a transnacionalização da eleição para o Parlamento Europeu exige naturalmente um direito de voto unitário correspondente e, além disso, uma certa europeização do sistema partidário existente.[65] No âmbito institucional, porém, em especial a consideração igual que atribuímos reconstrutivamente aos povos europeus e aos cidadãos da União como sujeitos constituintes tem de poder ser reencontrada na distribuição de funções e competências legislativas. Em todos os campos políticos deve

---

64 Naturalmente é uma questão política e, historicamente considerada, sempre um resultado contingente de lutas sociais e políticas saber para qual sistema de referência relevante para a identidade se impõe, a cada vez, qual definição jurídico-constitucional. Möllers, *Demokratische Ebenengliederung*, p.759-78.

65 Cf. o estudo que Claudio Franzius e Ulrich K. Preuss elaboraram para a Fundação Heinrich-Böll, *Solidarität und Selbstbehauptung: Die Zukunft der EU im 21. Jahrhundert* [manuscrito inédito, 2011].

ser produzido um equilíbrio de competências entre Conselho e Parlamento. Também é inconsequente a situação transitória peculiar da Comissão, à qual estão reservados os direitos de iniciativa essenciais. Em vez disso, a Comissão, ao desviar do modelo de um governo federal, tem de depender simetricamente do Parlamento e do Conselho, responsabilizando-se diante de ambas as instituições. Foge à regra aqui o Conselho Europeu porque, na enumeração dos órgãos, o Tratado de Lisboa o nomeia em segundo lugar após o Parlamento.[66] Como sede da dominação intergovernamental dos chefes de governo, mesmo frente ao Conselho Ministerial, ele forma a verdadeira contraposição ao Parlamento, enquanto permanece obscura a relação com uma Comissão que deve ser compreendida como defensora dos interesses da comunidade.

O Conselho Europeu é um órgão de direção que fixa as diretrizes políticas, mas não possui nem direito de legislar nem o direito de instruir a Comissão. Além disso, há uma oposição peculiar entre o poder político concentrado no Conselho Europeu e a eficácia jurídica ausente de suas decisões. Contudo, lhe é permitido pôr em movimento novidades institucionais nos procedimentos simplificados de alteração nos tratados. Provido de uma forte legitimação por parte dos chefes de governo eleitos, ele exerce um poder extraconstitucional considerável, embora suas decisões tenham de se basear no consenso: "Como órgão político diretor, ele não desempenha um papel diferente daquele do rei no novo constitucionalismo do século XIX".[67]

---

66 Calliess, *Die neue Europäische Union nach dem Vortrag von Lissabon*, p.118-28.

67 Franzius, *Europäisches Verfassungsrechtsdenken*, p.58; igualmente Von Bogdandy, Grundprinzipien, p.44.

Sobre a constituição da Europa

O Tratado de Lisboa deveria fortalecer a capacidade de ação da União Europeia com a incorporação do Conselho Europeu na estrutura institucional; na verdade, ele paga um preço alto pelas resoluções de longo alcance destituídas de legitimidade. Desde a crise financeira de 2008, isto se tornou evidente nas decisões cheias de consequência sobre as garantias para Estados superendividados e sobre novas modalidades de plebiscitos extratratados, visando a planejamentos orçamentários no círculo dos 17 governos que fazem parte da comunidade monetária.

5. Sobre a hesitação das elites políticas no limiar de uma democracia transnacional

Essa observação recorda a complexa *relação entre norma constitucional e efetividade da Constituição*. As ciências políticas que procedem empiricamente sublinham desvios mais ou menos drásticos da circulação fática do poder em relação ao padrão normativamente obrigatório, e com isso têm amiúde um efeito desmascarador. Mas as concepções superestruturais estão deslocadas. Certamente, as coisas não se passam como se as práticas políticas não fossem senão uma variável dependente no campo dos interesses sociais, das relações informais de poder e das necessidades sistemicamente funcionais. Elas obedecem antes a um código político com sentido próprio, o qual está entrelaçado com a estrutura das normas jurídicas. Isso esclarece por que normas constitucionais inovadoras, que acoplam direito e política no âmbito supranacional, em muitos casos têm um efeito estimulante e construtivamente abrangente quando esbarram em processos de aprendizado e de adaptação. Por essa razão, é preciso adotar uma perspectiva construtivista se quisermos entender a juridificação democrática de uma comunidade supranacional semelhante à União Europeia como um próximo passo no caminho que leva à civilização do poder estatal.[68]

A mesma perspectiva se recomenda também para analisar, nos termos das ciências sociais, as condições políticas e culturais exigentes que teriam de ser satisfeitas pela formação transnacional da vontade dos cidadãos da União.[69] Tratamos até agora somente de dois dos três componentes democráticos constitucionais que assumiram uma nova constelação no âmbito europeu. Porém, assim que uma comunidade constitucional se estende para além do núcleo organizacional de um Estado individual, o terceiro componente – a solidariedade entre cidadãos que já se encontram em condições de se responsabilizar mutuamente – tem de, em certa medida, expandir ao mesmo tempo. A totalidade dos cidadãos da União pode efetivamente partilhar a soberania com os povos dos Estados membros, os quais ainda detêm o monopólio da violência, somente se também a solidariedade nacional entre cidadãos se submeter a uma mudança de forma. De acordo com nosso cenário, uma solidariedade civil ampliada, embora mais abstrata e comparativamente menos sólida, inclui os membros de outros povos europeus – do ponto de vista alemão, por exemplo, isso se aplica aos gregos, quando estes são submetidos a programas de medidas econômicas

---

68 Sobre o construtivismo social na política internacional, cf. Zangl; Zürn. *Frieden und Krieg. Sicherheit in der nationalen und postnationalen Konstellation*, p.118-48.

69 Uma perspectiva de pesquisa interessante foi desenvolvida por Richard Münch, *Die Konstruktion der Europäischen Gesellschaft*, p.68 et seq.

Sobre a constituição da Europa

internacionalmente impostos e socialmente desequilibrados. Somente então os cidadãos da União, que elegem e controlam o Parlamento de Estrasburgo, estão em condições de participar de uma formação democrática comum da vontade que extrapole as fronteiras nacionais.[70]

Certamente, a ampliação das redes de comunicação e dos horizontes de percepção, a liberalização de orientações axiológicas e opiniões, uma crescente disposição para a inclusão dos estrangeiros, o reforço das iniciativas da sociedade civil e uma transformação correspondente de identidades fortes não podem ser mais do que estimuladas quando se recorre a meios jurídico-administrativos. Todavia, há uma interação circular, mutuamente intensificadora ou inibidora, entre processos políticos e normas constitucionais, de um lado, e a rede de opiniões e convicções política e culturalmente partilhadas, de outro. É nesse sentido que entendo a afirmação de Christoph Möllers quando ele observa uma "coevolução do sujeito de legitimação democrático e dos arranjos institucionais democrático-igualitários"; isso torna possível "dotar os âmbitos situados além do Estado democrático com outros poderes de ação".[71] Para a definição, em termos de direito constitucional, dos limites de uma coletividade política e de suas subpopulações, isto é, para a definição dos níveis de um sistema de governo multidimensional não existem "dados"; lealdades se formam, e tradições se modificam. Assim como todas as outras referências comparáveis, as nações não são constituídas por fatos naturais, ainda

---

70 Habermas, Ist die Herausbildung einer europäischen Identität nötig, und ist sie möglich?, p.68-82.

71 Möllers, Demokratische Ebenengliederung, p.775 et seq.

que normalmente tampouco sejam apenas ficções (como no caso de muitas fundações de Estados coloniais).

Na vida política de um cidadão, sobrepõem-se muitas formas de lealdade que de modo individual possuem importâncias totalmente diferentes – entre as quais também o vínculo politicamente relevante com a região de origem, com o Estado ou com a província da respectiva residência, com o país ou com a nação etc. Apenas em casos de conflito os pesos atribuídos a essas formas de lealdade são atualizados, tendo de ser reciprocamente ponderados; uma medida para a identificação com um ou outro ponto de referência social é a disposição de fazer sacrifícios com base na reciprocidade de longo prazo. Com a revogação do serviço militar obrigatório, anula-se felizmente o precedente da guerra, ou seja, a pretensão *absoluta* de sacrificar a própria vida pelo bem da nação. Mas a longa sombra do nacionalismo ainda permanece no presente. A expansão supranacional da solidariedade civil depende de processos de aprendizagem que, como a crise atual permite esperar, podem ser estimulados pela percepção das necessidades econômicas e políticas.

Entrementes, a astúcia da razão econômica ao menos possibilitou uma comunicação abrangente entre os países. Como se sabe, há muito tempo as instituições europeias planejaram para os cidadãos da União detentores do direito de voto e providos de um passaporte vinho o espaço virtual que um correspondente contexto comunicativo ampliado da sociedade civil deve preencher com vida. Mas isso só pode se intensificar *mutuamente* no curso de uma *abertura* recíproca das esferas públicas nacionais. Para uma transnacionalização dessas esferas existentes não precisamos de outras mídias, mas de outra práxis das mídias dominantes. Estas não têm apenas de apresentar e tratar os temas europeus, mas ao mesmo tempo informar sobre as tomadas de posição e sobre as controvérsias políticas que desencadeiam os mesmos temas em outros Estados membros. Visto que até agora a União Europeia foi sustentada e monopolizada pelas elites políticas, surgiu uma assimetria perigosa — uma assimetria entre a participação democrática dos *povos* naquilo que seus governos "obtêm" para eles mesmos no palco de Bruxelas, o qual lhes é distante, e a indiferença, vale dizer, o déficit de participação dos *cidadãos da União* no que concerne às decisões de seu Parlamento em Estrasburgo.

Essa observação, contudo, não justifica uma substancialização dos "povos". Somente o populismo jurídico ainda esboça uma caricatura de macrossujeitos nacionais que se encapsulam reciprocamente e bloqueiam uma formação democrática da vontade que se realiza para além das fronteiras. Após cinquenta anos de imigração de trabalhadores, os povos dos Estados europeus também não podem mais se imaginar como unidades culturalmente homogêneas, haja vista sua variedade étnica, linguística e religiosa crescente.[72] Além disso, a internet e o turismo de massa tornaram porosas as fronteiras nacionais. Nos Estados territoriais, o horizonte fluido de um mundo da vida compartilhado em grandes espaços e em relações complexas teve de ser produzido *desde o início* pelos meios de comunicação de massa e preenchido com uma circulação abstrata de ideias por meio do contexto comunicativo da sociedade civil. Isso pode se realizar por toda a Europa somente no quadro de uma cultura política vagamente partilhada. Porém, quanto mais as popu-

---

72 Eder, Europäische Öffentlichkeit und multiple Identitäten – das Ende des Volksbegriffs?, p.61-80.

lações nacionais se derem conta e tomarem conhecimento pelas mídias de quão profundamente as decisões da União Europeia intervêm no seu cotidiano, maior será seu interesse em se servir de seus direitos democráticos como cidadãos da União.

O fator de impacto que o peso notável das decisões europeias acarreta se tornou perceptível na crise do euro. Relutantemente, o Conselho Europeu foi forçado pela crise a tomar decisões que oneravam de modo visivelmente desigual os orçamentos nacionais. Desde 9 de maio de 2009, o Conselho Europeu ultrapassou um limiar importante ao tomar decisões sobre pacotes de resgate e possíveis conversões da dívida, bem como ao declarar o propósito de harmonizar os orçamentos estatais em todos os domínios da política econômica, fiscal, de mercado de trabalho, social e de educação que fossem relevantes para a manutenção da concorrência. Para além desse limiar, surgem novos problemas de justiça distributiva; com a passagem de uma integração "negativa" para uma "positiva", o peso se deslocou de uma legitimação de *output* para uma legitimação de *input* – para os cidadãos, uma influência ativa no tipo e no conteúdo das políticas e das leis se tornou cada vez mais importante na mesma medida em que cresceu a insatisfação com as prestações de serviços estatais.[73] Portanto, residiria na lógica desse desenvolvimento que os cidadãos do Estado, que *têm* de aceitar uma redistribuição dos encargos para além das fronteiras nacionais, *queiram* ter uma influência democrática, no seu papel de cidadãos da União, sobre o que seus chefes de governo negociam ou combinam em uma zona juridicamente cinzenta. Em vez disso,

---

73 Scharpf, *Regieren in Europa: Effektiv und demokratisch?*

Sobre a constituição da Europa

observamos, por parte dos governos, uma tática de espera e, por parte das populações, uma rejeição ao projeto europeu em seu todo, atiçada de maneira populista. Esse comportamento auto-destrutivo pode ser explicado pelo fato de as elites políticas e as mídias hesitarem em atrair a população para o tema do futuro de uma Europa comum.

Sob a pressão do mercado financeiro, fomos forçados a reconhecer que, com a entrada do euro, um pressuposto econômico essencial do projeto constitucional foi abandonado. De acordo com uma análise unânime, a União Europeia só pode se afirmar perante a especulação financeira se as competências políticas de controle, que são exigidas ao menos no núcleo da Europa entre os membros da comunidade econômica e monetária, atentarem no médio prazo para uma convergência dos desenvolvimentos econômicos e sociais nos países membros.[74] Na verdade, está claro para todos os participantes que não é mais possível esse grau de "colaboração intensificada" no âmbito dos tratados vigentes. A consequência de um "governo comum voltado à economia", com o qual agora até mesmo a República Federal da Alemanha concorda, significaria que a promoção central de capacidades concorrenciais em todos os Estados membros se estenderia para além das políticas financeiras e econômicas até atingir os orçamentos nacionais em seu conjunto, penetrando com isso o coração dos parlamentos nacionais. Por essa razão, desde que o direito vigente não deva ser violado de forma flagrante, a reforma

---

74 Sobre as possibilidades jurídicas de uma diferenciação interna entre os países europeus, cf. Thym, D. Variable Geometrie in der Europäischen Union: Kontrollierte Binnendifferenzierung und Schutz vor unionsexterner Gefährdung, p.117-35.

tardia é possível somente se transferir outras competências dos Estados membros para a União.

Entretanto, essa perspectiva alcançou as principais mídias políticas: "A crise escancarou as fraquezas do Tratado de Lisboa: com este, a União Europeia não conseguiu se preparar para os desafios que ela viu diante de si como uma união econômica e monetária".[75] Os obstáculos para uma mudança no Tratado são imensos. E decidir implementá-la exigiria uma mudança radical de comportamento por parte das elites políticas: se quisessem atrair suas populações para uma Europa solidária, tais elites teriam de abandonar a combinação usual entre trabalho na esfera pública e incrementalismo conduzido por especialistas, deslocando-se para uma luta arriscada e acima de tudo inspiradora em uma esfera pública mais ampla. E, de modo paradoxal, teriam de concorrer pelo interesse do bem comum europeu que se chocaria com seu próprio interesse pela manutenção do poder. Pois, no longo prazo, os espaços de ação nacionais ficariam mais estreitos e a entrada em cena dos potentados nacionais perderia em significado.[76] Em 22 de julho de 2011, Angela Merkel e Nicolas Sarkozy selaram um compromisso vago, e que certamente precisa ser esclarecido, entre o liberalismo econômico alemão e o estatismo francês, o qual traz à tona um propósito

---

75 Winter, Reform der Reform, *Süddeutsche Zeitung*, 18 ago. 2011, p.4.; cf. também a defesa enérgica por uma revisão dos tratados feita por Hoffmann, Klub der Illusionisten. Ohne gemeinsame Finazpolitik ist die Krise in Europa nicht zu lösen, *Süddeutsche Zeitung*, 3-4 set. 2011, p.23.

76 Sobre a politização atrasada, ver de Wilde, P.; Zürn, M. Somewhere Along the Line: Can the Politicization of European Integration Be Reversed? [manuscrito inédito, 2011].

Sobre a constituição da Europa

absolutamente diferente. Todos os sinais apontam para o fato de ambos quererem desenvolver um federalismo executivo já inscrito no Tratado de Lisboa, recorrendo a uma dominação intergovernamental do Conselho Europeu – e indo de encontro ao espírito do Tratado. Nesse caminho de um controle central por parte do Conselho Europeu, eles poderiam comunicar os imperativos do mercado para os orçamentos nacionais. Com isso, acordos feitos de modo não transparente e juridicamente informais são impostos, com base em sanções e pressões, sobre os parlamentos nacionais desprovidos de poder. Os chefes de governo acabam invertendo, desse modo, o projeto europeu. Aquela comunidade supranacional antes constituída democraticamente serviria como um arranjo para o exercício de uma dominação burocrática e pós-democrática.

A alternativa consiste em continuar de maneira consequente a juridificação democrática da União Europeia. Uma solidariedade civil em todo o espaço europeu não poderia se desenvolver caso as desigualdades sociais se tornassem estruturalmente constantes entre os Estados membros, vale dizer, nos pontos de ruptura nacionais. A União tem de garantir o que a Lei Fundamental da República Federal da Alemanha (no artigo 106, inciso 2) chama de "homogeneidade das condições de vida". Essa "homogeneidade" diz respeito apenas a um campo de variação das condições *sociais* de vida considerado aceitável sob os pontos de vista da justiça distributiva, e não a um nivelamento das diferenças *culturais*. Além disso, é necessária uma coesão política socialmente revestida para que se possa proteger a diversidade nacional e a riqueza cultural incomparável do biótopo da "Antiga Europa" no interior de um processo de globalização rapidamente progressivo.

Jürgen Habermas

III. Da comunidade internacional para a comunidade cosmopolita

O relato a respeito da força civilizadora da juridificação democrática além das fronteiras nacionais retira seu ímpeto de uma constelação paralisante da política mundial, a qual se reflete hoje no fato de os mercados financeiros ainda fugirem do alcance dos Estados nacionais mais poderosos. Na crise atual, estes não parecem mais deixar em aberto opções convidativas para as garantias estatais de bem-estar público.[77] Nesta situação, a tentativa dos Estados europeus de reconquistar uma parte da capacidade de autocontrole político por meio da comunitarização supranacional implica mais do que a mera autoafirmação. Com isso, a narrativa que propus para a unificação europeia encontra sua continuação na reflexão sobre uma sociedade mundial constituída politicamente. No âmbito europeu, duas inovações, como vimos, serviram de orientação: por um lado, a subordinação dos Estados membros que detêm o monopólio da violência e, por outro, a divisão da soberania entre dois sujeitos constituintes, os cidadãos e os povos dos Estados. Vestígios do primeiro destes dois elementos se sedimentaram tanto no efeito global do direito das gentes coercitivo como também no interior do quadro institucional das Nações Unidas. O segun-

---

77 Em seu artigo (Die nächste Stufe der Krise, *Frankfurter Allgemeine Zeitung*, 20 ago. 2011, p.29), Jens Beckert e Wolfgang Streeck discutem os custos esperados das quatro estratégias que ainda são oferecidas para superar a crise da dívida estatal: (1) redução das despesas do Estado; (2) aumento de impostos; (3) interrupção do pagamento da dívida e negociação com credores sobre descontos; (4) política inflacionária.

Sobre a constituição da Europa

do elemento poderia tirar das sugestões destinadas à constituição de um parlamento mundial uma parte do caráter de sobre-voo que as caracterizam.

Certamente, não devemos ocultar as diferenças entre os dois ramos complementares da evolução supranacional do direito desde 1945. A coletividade supraestatal da União Europeia partilha com os Estados tradicionais o particularismo, com o qual as unidades políticas limitam-se reciprocamente no espaço social. Por sua vez, uma vinculação cosmopolita entre cidadãos do mundo – como a comunidade de Estados internacional já existente – admitiria somente uma perspectiva interna. Essa mudança de perspectiva de um direito das gentes clássico para uma constituição política da sociedade mundial não é mais pura construção de pensamento. A própria realidade social impõe essa mudança de perspectiva à consciência contemporânea. Na medida em que sistemas funcionais da sociedade mundial avançam pelas fronteiras nacionais, surgem custos externos de uma ordem de grandeza ainda desconhecida – e, com isso, uma necessidade de regulamentação que ultrapassa as capacidades existentes de ação política. Isso não vale apenas para o desequilíbrio do sistema parcial da economia e para uma especulação que se acelerou de forma irrestrita desde a crise financeira de 2008. Uma necessidade de regulamentação semelhante surgiu também com os desequilíbrios ecológicos e com os riscos da tecnologia de massa. Atualmente, não são os Estados individuais ou as coalizões de Estados que se defrontam com tais situações problemáticas da sociedade mundial, mas sim a política no singular.

A política se depara com as situações problemáticas da sociedade não mais apenas no interior do quadro institucional dos Estados nacionais ou, na medida em que esses problemas ultrapassam as fronteiras nacionais, como objetos de regulamentações intergovernamentais. Após duas ou três décadas de criatividade e poder de destruição inéditos de uma globalização desejada politicamente, coloca-se em discussão a relação entre política e sociedade como tal. A agenda da política mundial não é mais dominada em primeiro plano pelos conflitos entre os Estados, mas por um novo tema: trata-se de saber se os potenciais conflitos internacionais podem ser controlados de tal modo que a partir de uma – até agora improvável – cooperação das potências mundiais possam ser desenvolvidos normas e procedimentos eficazes globalmente, bem como capacidades de ação política amplamente disseminadas. Repete-se na linha da constitucionalização do direito das gentes um ritmo de desenvolvimento que conhecemos da linha da unificação europeia – da pacificação dos Estados bélicos para uma cooperação institucional entre Estados domesticados? No que segue, tratarei primeiro das funções centrais das Nações Unidas – garantia da paz e política de direitos humanos (1), para finalmente refletir sobre que aparência poderia ter um acordo visando solucionar os problemas mais urgentes de uma política interna mundial (2).

As *Nações* Unidas formam hoje uma organização *supranacional* constituída por 193 Estados. Entre o supranacional e o nacional se desenvolveu um *âmbito transnacional* com uma grande quantidade de organizações internacionais (por exemplo, importantes suborganizações da ONU, tais como OMS, OIT, ACNUR, Unesco etc., grandes organizações econômicas mundiais, tais como OMC, FMI e Banco Mundial, também instrumentos políticos informais de condução como os encontros de

Sobre a constituição da Europa

cúpula periódicos dos países do G8 e do G20).[78] Se partirmos do fato de que os atores representados pelos Estados nacionais, os quais ainda concentram no essencial as capacidades de ação política, não estão à altura das necessidades de regulamentação de uma sociedade mundial diferenciada funcionalmente, resultam alguns desideratos evidentes para o âmbito global, de um lado, e para o âmbito transnacional, de outro.[79]

As Nações Unidas deveriam ser reorganizadas como uma comunidade politicamente constituída de Estados *e* cidadãos e simultaneamente ser limitadas às funções centrais de garantia da paz e de imposição global dos direitos humanos. Com uma reforma correspondente do Conselho de Segurança e das Cortes de Justiça, as Nações Unidas teriam de se colocar em condições institucionais de realizar efetiva e regularmente essas duas tarefas. Ainda mais difícil é satisfazer um outro desiderato, a saber, a construção de um sistema de negociação normativamente integrado na comunidade mundial, voltado aos problemas urgentes de uma futura política interna mundial (ecologia e mudança climática, riscos globais da tecnologia de massa, regulamentação do capitalismo impulsionado pelo mercado financeiro, sobretudo problemas distributivos que surgem no regime do comércio, do trabalho, da saúde e da circulação de uma sociedade mundial altamente estratificada). Para tal institucionalização, faltam por enquanto não somente a vontade política, mas também os atores capazes de agir globalmente que, em razão de um

---

78 Zürn, M. Global Governance as Multi-Level Governance, p.80-99.

79 Habermas, Konstitutionalisierung des Völkerrechts und die Legitimationsprobleme einer verfaßten Weltgesellschaft [2008], p.402-24.

mandato legítimo e de sua capacidade para implementar acordos em âmbito global, seriam apropriados como membros para tal instituição composta representativamente (e dificilmente reconhecível nas formas iniciais, como é o caso do G20).

A forma historicamente sem paralelo da União Europeia seria de imediato utilizada para os contornos de uma sociedade constituída politicamente, os quais eu esboço com poucas palavras-chave. Com certeza, essa ordem política mundial poderia ser concebida, por sua vez, como uma continuidade da juridificação democrática do núcleo substancial do poder estatal. *Pois, no nível global, a constelação dos três pilares da coletividade democrática se modificaria uma vez mais.*[80]

(1)

O objetivo de uma constituição democrática da sociedade mundial exige – já a partir das razões conceituais que orientavam a formação das ordens jurídicas modernas baseadas nos direitos subjetivos – a constituição de uma comunidade de *cidadãos do mundo* [*Weltbürgergemeinschaft*]. Desenvolvida a partir do exemplo da União Europeia, a figura de pensamento de uma

---

80 Fazendo referência ao conceito unitário de direito das gentes tal como utilizado por Hans Kelsen, parto de uma unidade – em si naturalmente complexa – de uma ordem jurídica global. Com isso, "soberania" significa uma competência confiada ao Estado pela comunidade internacional e que é exercida obrigatoriamente: o Estado garante em seu território os direitos humanos. Foi dessa maneira que também se utilizou o conceito de soberania na Declaração do Milênio da Assembleia Geral das Nações Unidas.

Sobre a constituição da Europa

cooperação constituinte entre cidadãos e Estados aponta para o caminho pelo qual a comunidade internacional existente entre *Estados* poderia ser complementada com uma comunidade *cosmopolita*.[81] Contudo, esta não seria constituída como uma república mundial, mas como uma associação supraestatal composta de cidadãos e povos dos Estados, de modo que os Estados membros pudessem ainda dispor – embora não tivessem o direito a uma disposição livre – dos meios para a utilização legítima do poder. Os Estados nacionais formariam, ao lado dos cidadãos do mundo, o segundo sujeito constituinte da comunidade mundial. Pois os cidadãos cosmopolitas têm ou teriam ainda boas razões para se ater ao papel constitutivo de seus Estados em todo o âmbito supranacional. Na medida em que os cidadãos já realizaram nessas formas históricas uma parte da justiça política escoada institucionalmente, eles podem nutrir o desejo fundamentado de que seus Estados nacionais se mantenham como entidades coletivas nos respectivos níveis superiores de organização.

A composição de uma Assembleia Geral de representantes dos cidadãos e dos Estados asseguraria que as perspectivas concorrentes sobre a Justiça fossem levadas em consideração pelos cidadãos do mundo, por um lado, e pelos cidadãos do Estado, por outro, alcançando assim um equilíbrio. Às razões igualitárias dos *cidadãos do mundo*, que insistem no igual tratamento e na igualdade distributiva, opõem-se hoje as razões comparativamente conservadoras dos *cidadãos do Estado*, que reclamam pela

---

81 Archibugi; Held (orgs.), *Cosmopolitan Democracy. An Agenda for a New World Order*; Archibugi, *The Global Commonwealth of Citzens. Toward Cosmopolitan Democracy*; Brown; Held (orgs.), *The Cosmopolitan Reader*.

conservação de suas liberdades que já se realizam no âmbito estatal (e se orientam contra a destruição do *modelo* exemplar de participação no Estado de bem-estar social; isso não excluiria, caso necessário, uma redução parcial dos próprios níveis de bem-estar). A concorrência entre essas duas perspectivas se justifica por causa de um desequilíbrio histórico de desenvolvimento, o qual a política interna mundial não poderia simplesmente abstrair, ainda que tal desequilíbrio devesse ser sucessivamente superado. O Parlamento mundial teria de levar em consideração essa dupla perspectiva, sobretudo em seu papel como o intérprete da Carta das Nações Unidas capaz de aperfeiçoar as questões jurídicas.

Ao lado de suas competências no interior da estrutura organizacional das Nações Unidas (sobretudo na constituição e no controle do Conselho de Segurança e das Cortes globais),[82] uma Assembleia Geral renovada teria a tarefa de criar padrões *obrigatórios* mínimos para o desenvolvimento da Carta, dos pactos de direitos humanos e do direito das gentes, os quais:

— formam as bases legais para a política de direitos humanos e para a garantia da paz exercida pelo Conselho de Segurança e pela jurisdição global;
— comprometem os Estados nacionais com a concretização dos direitos fundamentais de seus cidadãos a serem garantidos; e
— impõem limites normativos às decisões de política interna mundial no âmbito transnacional em que há uma concorrência robusta pelo poder.

---

82 Von Bogdandy; Venzke, In Whose Name? An Investigation of International Court's Public Authority and its Democratic Justification.

Sobre a constituição da Europa

O núcleo organizador, ou seja, o segundo componente da organização mundial, seria simultaneamente diminuído e trabalharia de maneira mais efetiva, caso as Nações Unidas se concentrassem em suas tarefas centrais, a saber, a imposição global dos direitos humanos e de proibição da violência. A organização mundial seria de tal modo subdividida e estruturada que poderia realizar suas funções limitadas, mas elementares, de manutenção da ordem, e assim:

— a garantia defensiva da paz internacional no sentido de uma imposição global, igual e efetiva, de proibição da violência;

— a garantia construtiva da ordem interna de Estados desintegrados; e

— o controle global da imposição estatal dos direitos humanos, bem como a proteção das populações contra governos criminosos, por meio de

— intervenções humanitárias que incluam a obrigação para a construção duradoura de infraestruturas funcionais.

Se as resoluções das Nações Unidas devem ser executadas na forma de intervenções legais, também o direito das gentes humanitário tem de ser desenvolvido em direção a um *direito de polícia*, regulado nos termos de um Estado de direito e ajustado às necessidades militares.

Uma vez que a própria comunidade mundial não deve assumir um caráter estatal, ela mostra que os detentores do monopólio estatal da violência se subordinam às resoluções do Conselho de Segurança – as quais devem ser controladas pelas Cortes. Que os Estados (ou as alianças de defesa regionais) efetivem seu potencial a serviço da organização mundial, é uma expressão daquele deslocamento do poder de sanção do Estado e do direito que se iniciou no âmbito das Nações Unidas e já se efetivou na União Europeia. Com a mudança de consciência dos Estados membros, que começam a se entender não mais como potências soberanas, mas como *membros* solidários da comunidade internacional, a civilização do exercício da dominação política se desenvolveria rumo a um nível superior.

Uma juridificação democrática da política das Nações Unidas certamente exigiria a partir de então o reacoplamento improvável do parlamento mundial com a formação da opinião e da vontade de cidadãos do mundo convocados periodicamente à eleição. Razões empíricas, contudo, depõem contra a expectativa de ampliação global de uma solidariedade civil sempre fugidia.[83] É exemplar que a atenção da esfera pública mundial – apesar do impulso das organizações não governamentais agindo globalmente – se inflame sempre de forma pontual neste ou naquele grande acontecimento, sem que tal atenção se perenize estruturalmente. O ceticismo com certeza não está relacionado apenas às capacidades limitadas de ação daquela esfera pública mundial que de fato está emergindo e na qual Kant já havia depositado suas esperanças cosmopolitas. Nesse ponto *também* surgem as dúvidas comunitaristas na transnacionalização da soberania popular, as quais, da perspectiva global, não são totalmente injustificadas. Aqui uma vinculação dos cidadãos do mundo por meio dos circuitos comunicativos de uma esfera pública mun-

---

83 Nanz; Steffek, Zivielgesellschaftliche Partizipation und die Demokratisierung internationalen Regierens, p.87-110. Uma imagem de certo modo mais encorajadora pode ser encontrada na análise secundária de Zürn, Vier Modelle einer globalen Ordnung in kosmopolitischer Absicht, *Politische Vierteljahresschrift*, principalmente p.100 et seq.

Sobre a constituição da Europa

dial *não está mais inserida no contexto de uma cultura política comum*. A ampliação transnacional da solidariedade civil acabaria no vazio caso adotasse um formato mundial, pois tal solidariedade ainda deveria contar com uma união entre cidadãos e Estados caracterizada por experiências *limitadas territorialmente* e historicamente comuns.

Tendo por referência uma cultura política compartilhada intersubjetivamente, toda coletividade política, por maior e mais plural que seja, pode se diferenciar de seus ambientes. Por isso, as eleições democráticas são o resultado de uma formação da opinião e da vontade exercida em comum, que geralmente *é reduzida* à autorreferência de um "nós" constituído por uma comunidade particular, *porque limitada*. A eleição para um Parlamento mundial seria o único processo *plenamente inclusivo* desse tipo, em que teria de faltar um determinado conjunto de temas — como os da *autodelimitação e da autoafirmação*. Nas disputas políticas eleitorais, cruzam-se questões que aludem a um *ethos* comum — por exemplo, o nível de segurança de usinas nucleares ou o nível de exigência que sistemas educacionais, de saúde e de transporte devem satisfazer — e que também sempre são acompanhadas de um momento de autoafirmação. Ora, a totalidade das gerações hoje existentes de uma humanidade espalhada pelo globo também compartilhará bastante os interesses abstratos em bens básicos considerados importantes para a sobrevivência (por exemplo, no cuidado com o equilíbrio ecológico e com os recursos naturais ou na tentativa de evitar uma contaminação atômica que cobrisse a superfície terrestre). Mas os cidadãos do mundo não formam um coletivo que permaneceria unido pelo interesse político na *autoafirmação* de uma forma de vida com características identificáveis. Por isso, tais interesses abstratos na sobrevivência só ganhariam um *caráter político* caso perdessem essa abstração e passassem a concorrer no contexto de uma forma de vida determinada com outros interesses de outras formas de vida.

Mas isso também valeria para aqueles dois interesses cuja proteção seria responsabilidade da comunidade cosmopolita? Não seria diferente se estivesse em jogo evitar a guerra e a violência e implementar os direitos fundamentais? Não se trata de interesses *a fortiori* "universais" tão "despolitizados" que podem ser "compartilhados" pela população mundial sem qualquer referência às diferenças político-culturais – e, quando violados, serem avaliados exclusivamente sob o *ponto de vista moral*? Estamos todos acostumados a lidar com situações cotidianas em que – sem a conotação da autoafirmação – nos sentimos comprometidos a ser solidários com estranhos, com todos aqueles que possuem um semblante humano. Somente esse universo moral de todas as pessoas responsáveis por suas ações, e que Kant chamou de "reino dos fins", é plenamente inclusivo: ninguém é excluído. A injustiça que pode acometer *qualquer* pessoa, a violação sofrida por *não importa qual* pessoa, incita nossa sensibilidade moral e provoca em nós uma indignação moral ou uma necessidade de prestar auxílio. Desses sentimentos se nutrem juízos morais, que podem ser racionalmente fundamentados se a adoção recíproca de perspectivas levar a uma percepção suficientemente descentralizada do conflito e à consideração igual de todos os interesses em questão.

Por outro lado, quando falamos das tarefas das Nações Unidas não adotamos simplesmente a perspectiva da moral, mas antes a do direito e da política. O direito sempre tem de servir como substituto quando se torna necessária uma divisão mo-

Sobre a constituição da Europa

ral do trabalho, visto que juízos e motivações individuais não são mais suficientes.[84] Mas é ainda mais interessante quando normas jurídicas de determinado tipo são aplicadas àquelas dimensões da política às quais as Nações Unidas devem se limitar ao lidar com questões ligadas à proibição do uso da violência e aos direitos humanos – a saber, normas que podem ser *suficientemente fundamentadas com base em razões morais*. Desconsiderando sua forma jurídica, esses direitos subjetivos prioritários têm um conteúdo exclusivamente moral porque os direitos humanos circunscrevem exatamente a parte do universalismo moral que pode ser traduzida no *medium* do direito coercitivo.[85] Isso explica a *natureza antes jurídica do que política* das decisões que estariam em causa no espaço das Nações Unidas reformadas segundo nossa interpretação. O Parlamento mundial orientaria os debates sobre as condições de fundo da justiça global, e o Conselho de Segurança tomaria as decisões importantes, sendo estas, porém, amplamente judicializadas e controladas pelas Cortes.

A restrição a assuntos de natureza jurídica e fundamentalmente moral tem felizmente por consequência uma deflação das pretensões de legitimação por parte da organização mundial. Pois os princípios correspondentes de justiça distributiva, bem como os deveres negativos relativos à omissão diante de crimes contra a humanidade judicializados ou de guerras, estão ancorados no conteúdo moral de todas as religiões mundiais e de todas as culturas por elas marcadas. Essas normas conheci

---

84 Habermas, *Faktizität und Geltung*, p. 135 et seq.

85 Cf. sobre isso meu artigo "O conceito de dignidade humana e a utopia realista dos direitos humanos" neste volume (p.7).

das intuitivamente permitem a todo cidadão do mundo formar um juízo moralmente informado sobre o trabalho dos órgãos da organização mundial, pois estes têm de justificar suas decisões com base em critérios correspondentes que são, contudo, tornados precisos por meio de um trabalho jurídico refinado. No que diz respeito à *necessidade reduzida de legitimação*, não podemos esperar dos cidadãos do mundo uma formação coletiva da vontade em sentido propriamente político. As eleições para o Parlamento mundial expressariam apenas o "sim" e o "não" moralmente fundamentados na aplicação supranacional de princípios e normas morais *presumivelmente compartilhados*.

Então, a propósito do âmbito global em que atuaria a organização mundial, seria possível afirmar de maneira resumida: a corrente de legitimação se estenderia ininterruptamente desde os Estados nacionais, passando por regimes regionais como a União Europeia, até chegar ao âmbito da organização mundial, se pudéssemos assumir:

- que a comunidade *internacional* foi *ampliada* até se tornar uma comunidade *cosmopolita*, por meio de uma representação de *cidadãos do mundo* baseada em eleições;
- que as competências das Nações Unidas *se limitam* às tarefas centrais de garantia da ordem cujo conteúdo moral e de natureza essencialmente jurídica;
- que o contexto comunicativo global, produzido entre outras coisas pela tecnologia digital e que aponta para além das esferas públicas nacionais porosas, é suficiente para possibilitar a todas as populações a formação de um juízo fundamentado sobre o conteúdo moral das decisões tomadas no âmbito das Nações Unidas.

Sobre a constituição da Europa

(2)

Porém, essa via de legitimação descrita diz respeito apenas às tarefas, da organização mundial, que são *relevantes para a segurança*. A isenção das Nações Unidas diante de questões políticas em sentido estrito, principalmente diante de questões de política interna mundial *relevantes para medidas distributivas*, tem um reverso.[86] No nosso esquema, na medida em que o sistema de negociação correspondente depende dos tratados de direito internacional [*völkerrechtlich*], opõem-se os compromissos que os atores capazes de ação global (a saber, as "potências mundiais natas" e as "potências mundiais formadas" construtivamente pela associação supranacional e completamente representadas de modo ideal pela sociedade mundial) devem negociar *no âmbito transnacional* a propósito de uma juridificação democrática no estilo da União Europeia. Segundo o direito das gentes clássico, em questões de política externa os governos possuem a prerrogativa para a conclusão de tratados internacionais, os quais estão muito menos sujeitos à participação e à legitimação democráticas do que a política interna controlada pelo Parlamento.[87] Essa legitimação fraca, no melhor dos casos indireta, caracteriza à primeira vista também a política interna mundial realizada transnacionalmente. Mas se a corrente da legitimação democrática rompesse nesse ponto, o esquema proposto não poderia cumprir sua pretensão

---

86 Não considerarei aqui o âmbito importante das organizações internacionais que coordenam as atividades estatais no que diz respeito a questões "técnicas", vale dizer, questões que não são essenciais para os assuntos de política distributiva.

87 Cf. Möllers, *Die drei Gewalten*, p.155 et seq.

de unificar o conjunto de uma ordem jurídica global que nivele os limites entre o direito internacional e o direito estatal.

Em comparação com uma União Europeia plenamente formada, vem à tona um ponto fraco referente aos critérios de legitimação na medida em que a política interna mundial, desprovida de uma participação direta do Parlamento mundial, permanece entregue às negociações entre os *global players* e – em analogia com os *"procedimentos legislativos* ordinários" – não deve ser realizada *ao mesmo tempo por Estados e cidadãos do mundo parlamentarmente representados*. Em nosso modelo, contudo, as relações transnacionais entre os *global players*, a quem deve ser confiada a política interna mundial, de modo algum permaneceriam intactas segundo a forma tradicional do direito das gentes. Pois a graça no esquema proposto reside no fato de o processo político dever ser distribuído *em dois campos políticos diferentes*, para além dos Estados e das uniões entre Estados, e *ramificado nos respectivos trilhos de legitimação*. Por conseguinte, as tarefas da política de segurança global e de direitos humanos passam para a competência de uma organização mundial composta de tal modo que a necessidade de legitimação reduzida em seus domínios políticos poderia, *grosso modo*, ser satisfeita. Dessa estrutura de competências construída hierarquicamente decorrem as tarefas da política interna mundial relevantes para medidas distributivas; elas são ramificadas em um sistema de negociação transnacional cujas decisões seriam mais fracamente legitimadas, mas com isso de modo algum confiadas *exclusivamente* ao jogo da dinâmica internacional do poder.

Pois também esse processo político, de certo modo assentido na horizontal, deve permanecer *ancorado no contexto da sociedade mundial constituída*, e certamente não apenas porque a organização

Sobre a constituição da Europa

mundial inspecionaria o equilíbrio fático de poder – e a representação adequada de cada um dos Estados – no grêmio de negociação transnacional. Duas razões são ainda mais importantes. Primeiro, as negociações transnacionais seriam conduzidas pelos *mesmos* atores que, no âmbito global, disporiam de suas forças conflituosas para a política de paz e de direitos humanos conduzida cooperativamente, e desse modo também teriam de se compreender como membros da comunidade cosmopolita. Por isso, em segundo lugar, as negociações transnacionais se moveriam o quanto antes no interior do corredor formado por aquele padrão mínimo que ajusta continuamente o Parlamento mundial ao nível de proteção previsto pelos direitos humanos.

Contudo, esses argumentos não são suficientes para fechar *completamente* a lacuna quanto à responsabilidade parlamentar na corrente da juridificação democrática de uma política interna mundial. Mas essa própria lacuna se explica pelo fato histórico de que a condição pretensiosa de "condições de vida homogêneas" em todo o globo não pode ser preenchida por enquanto. Essa condição precisa ser avaliada politicamente nem apenas de um ponto de vista moral, uma vez que a organização mundial inclui a dimensão temporal e obriga a política interna mundial *à produção em médio prazo* de uma ordem mundial socialmente justa. Todo sentimento moral resiste contra a injustiça monstruosa de uma sociedade mundial altamente estratificada em que, hoje, bens e oportunidades vitais elementares são desigualmente partilhados de modo insuportável.[88] Porém, um esquema ainda tão abrangente para uma ordem mundial que visa à civilização do exercício da dominação política tem de considerar que a não simultaneidade

---

88 Held; Kaya (orgs.), *Global Inequality. Patterns and Explanations.*

histórica dos desenvolvimentos regionais e a desigualdade socioe-conômica correspondente entre as *multiple modernities* [múltiplas modernidades] não podem ser eliminadas *de hoje para amanhã*.

Observamos hoje um deslocamento econômico do peso da política mundial, que em meio à crise financeira de 2008 tornou necessária a ampliação do clube das nações industriais dirigentes para o círculo do G20. Com esse passo tardio e sob uma pressão continuamente destrutiva dos mercados financeiros, dever-se-iam finalmente vincular os esforços para a construção de instituições e para o estabelecimento de procedimentos com os quais os problemas de uma maneira ou de outra inevitáveis de uma política interna mundial possam adquirir um formato manejável. Não faltam padrões morais à luz dos quais podemos hoje avaliar as estruturas econômicas dominantes e confrontar as instituições existentes e as práticas adotadas com as exigências por mais "justiça global".[89] Porém, uma discussão filosófica sem consequências sobre justiça somente adquiriria relevância política se pudesse ser conduzida por mais tempo não apenas *in academia*, mas no interior de um Parlamento mundial que, por ser composto de Estados e cidadãos, *levaria em consideração um fator temporal relevante do ponto de vista da justiça*. Assim como ocorre hoje na União Europeia, também na comunidade mundial (embora em horizontes temporais diferentes) as perspectivas de justiça dos dois sujeitos constituintes — os critérios igualitários dos cidadãos do mundo e os critérios conservadores dos Estados membros, por ora diferenciados segundo o grau de desenvolvimento — já se aproximam entre si, no curso de um ajuste fático, politicamente proposital, das condições de vida.

---

89 Pogge (org.), *Global Justice*; Sen, *Die Idee der Gerechtigkeit*.

Adendo
A Europa da Alemanha

A entrevista com Thomas Assheuer (I) ocorreu após a falência da Lehman Brothers e poucos dias antes da esperada eleição de Barack Obama para presidente dos Estados Unidos, que foi acompanhada de grandes esperanças. Nela já ressoam motivos que retomo e discuto no meu ensaio sobre a constituição da Europa. Quando a crise financeira eclodiu naquele momento, Angela Merkel e Peer Steinbrück se opuseram, durante o encontro decisivo de Paris, à solicitação de Nicolas Sarkozy e Jean-Claude Juncker por uma atuação europeia comum para os países da zona do euro. Aqui já se delineava com evidência os traços reativos do isolamento nacional [da Alemanha].

O ensaio seguinte para o *Die Zeit* (II) foi escrito em resposta à sessão parlamentar daquela noite histórica de 7 para 8 de maio de 2010, na qual Angela Merkel foi surpreendida pela violência dos mercados financeiros. Ela havia ignorado as diferentes proporções entre a ajuda inevitável à Grécia superendividada e a consideração oportunista pelas miudezas da política interna (a eleição para a Assembleia na Renânia do Norte-Vestfália, de qualquer forma perdida), acabando por se submeter cabisbaixa, após longas semanas de hesitação, aos imperativos sempre onerosos do mercado. Foi então que tomei consciência, pela primeira vez, da possibilidade real de um fracasso do projeto europeu.

Finalmente, a coincidência fortuita da resolução de um "pacto pela Europa", em Bruxelas, e a reeleição malsucedida do governo de coalizão liberal-cristã, em Baden-Württemberg, deu ensejo a uma intervenção publicada no *Süddeutschen Zeitung* (III). Nela eu confronto a dominação cinzenta do Conselho Europeu, exercida a portas fechadas, com o êxito democrático de um movimento social amplamente ruidoso. Pois, atrás da guinada espetacular do governo alemão na política nuclear, passou despercebida na época a importância de uma guinada na política de integração europeia, efetuada na surdina. O governo alemão se despedira de uma fé político-econômica na eficiência infalível de "mecanismos" automáticos, mudando o curso rumo ao intergovernamentalismo politizado dos chefes do "euro-clube", os quais atuam por trás das cortinas.

Sobre a constituição da Europa

I. Depois da bancarrota — uma entrevista[*]

Die Zeit: *Senhor Habermas, o sistema financeiro internacional anda combalido, é iminente uma crise econômica mundial. O que mais o inquieta?*

Jürgen Habermas: O que mais me inquieta é a injustiça social gritante que consiste no fato de os custos socializados do malogro do sistema atingirem da maneira mais dura os grupos sociais vulneráveis. Agora a massa dos que já não constam de todo modo dos ganhadores da globalização é mais uma vez cobrada pelas consequências, sentidas na economia real, de um distúrbio funcional previsível do sistema financeiro. E isso não como com os proprietários de ações, em valores monetários, mas na moeda dura de sua existência cotidiana. Também em escala global esse destino castigador aflige os países economicamente mais fracos. É um escândalo político. Mas eu considero uma hipocrisia apontar o dedo agora para os bodes expiatórios. Mesmo os especuladores se comportaram, no quadro das leis, de maneira consequente, segundo a lógica socialmente reconhecida da maximização dos lucros. A política se torna irrisória se ela moraliza em vez de apoiar-se no direito de coerção do legislador democrático. Ela, e não o capitalismo, é responsável pela orientação do bem comum.

Zeit: *O senhor acabou de ministrar conferências na Universidade Yale. Quais foram para o senhor as imagens mais impressionantes dessa crise?*

---

[*] Entrevista realizada por Thomas Assheuer e publicada em 6 de novembro de 2008 no semanário *Die Zeit* (p.53). Título original: "Nach dem Bankrott".

Habermas: Nas telas cintilava a melancolia dos quadros de Hopper, o meandro sem fim de longas filas de casinhas abandonadas na Flórida e outros lugares – com a placa de *"foreclosure"* [execução hipotecária] no jardim da frente. Em seguida, os ônibus com compradores curiosos oriundos da Europa e com os ricos provenientes da América do Sul, e depois o corretor, que lhes mostrava no quarto de dormir os armários embutidos destruídos por fúria e desespero. Após meu retorno, surpreendeu-me o quanto o ânimo irrequieto nos EUA se distingue do impassível *business as usual* [procedimento habitual] entre nós. Lá as angústias econômicas extremamente reais se vinculam à fase final vibrante de uma campanha eleitoral repleta de consequências. A crise despertou também a consciência de amplas camadas de eleitores para seus interesses pessoais. Forçou as pessoas a tomarem não as decisões necessariamente mais razoáveis, mas sim as mais racionais – ao menos em comparação com a última eleição presidencial, ideologicamente estimulada pelo 11 de Setembro. A América deve a essa casualidade, como ouso supor imediatamente antes da eleição, o primeiro presidente negro – e com isso uma inflexão histórica profunda na história de sua cultura política. Além disso, a crise poderia talvez prenunciar também na Europa uma mudança do clima político.

Zeit: *O que o senhor quer dizer com isso?*

Habermas: Tais mudanças de maré alteram os parâmetros da discussão pública; elas deslocam o espectro de alternativas políticas tidas como possíveis. Com a Guerra da Coreia, o período do New Deal chegou ao fim; com Reagan e Thatcher e o enfraquecimento da Guerra Fria, teve fim a época do programa do Estado de bem-estar social. E hoje, com o fim da era Bush e dos últimos

Sobre a constituição da Europa

blá-blá-blás neoliberais, também a programação de Clinton e do New Labour [novo trabalhismo] se esvaziou. O que vem agora? Eu espero que a agenda neoliberal não seja mais levada a sério, que seja dispensada. É preciso rever esse programa todo de sujeição inescrupulosa do mundo da vida aos imperativos do mercado.

Zeit: *Para os neoliberais, o Estado é apenas um parceiro no campo econômico. Ele deve se tornar menor. Esse pensamento está desacreditado agora?*

Habermas: Isso vai depender do decorrer da crise, da capacidade de percepção dos partidos políticos, dos temas públicos. Na Alemanha predomina ainda uma calmaria peculiar. Tornou-se digna de escárnio a agenda que concede aos interesses dos investidores uma predomínio sem escrúpulos, que aceita passivamente a desigualdade social crescente, o surgimento de um "precariado",[*] a pobreza infantil, os salários aviltantes e assim por diante, que solapa, com sua loucura de privatizar, as funções centrais do Estado, que retalha os restos de deliberação da esfera pública política para facilitar a ampliação dos rendimentos dos investidores financeiros, que torna a cultura e a educação dependentes dos interesses e dos humores de patrocinadores melindrosos com a conjuntura.

Zeit: *E agora, com a crise financeira, as consequências da loucura da privatização se tornam visíveis?*

Habermas: Nos EUA, a crise agudiza os danos materiais e morais, sociais e culturais, desde já visíveis, causados por uma política de desestatização levada ao extremo por Bush. A privatização da assistência previdenciária à velhice e à saúde, do transporte público, do abastecimento de energia, do sistema penitenciário,

---

[*] *"Prekariat"*: neologismo formado por "precário" e "proletariado". (N. T.)

das tarefas de segurança militar, de amplos domínios da formação escolar e universitária, e o abandono da infraestrutura cultural de cidades e municípios, tornando-a dependente do engajamento e da generosidade de fundações privadas, fazem parte de um *design* social cujos riscos e consequências combinam mal com os princípios igualitários, próprios de um Estado democrático e social de direito.

Zeit: *Burocracias estatais podem simplesmente não ser rentáveis do ponto de vista econômico.*

Habermas: Mas há domínios vitais vulneráveis que nós não podemos expor aos riscos da especulação financeira; a isso se contrapõe o ajuste da previdência em função do capital de ações. No Estado constitucional democrático, há também bens públicos, como a comunicação política não distorcida, que não podem ser talhados conforme as expectativas de rendimento de investidores financeiros. A necessidade de informação dos cidadãos não pode ser satisfeita pela *cultura de canapés* promovida por uma televisão privada disseminada por todos os cantos.

Zeit: *Temos de lidar com uma "crise de legitimação do capitalismo", para citar um discutido e controverso livro seu?*

Habermas: Desde 1989, 1990, não há mais nenhum escape do universo do capitalismo; trata-se apenas de uma civilização e de uma domesticação da dinâmica capitalista a partir de dentro. Já durante a época do pós-guerra, a União Soviética não representava nenhuma alternativa para a massa de esquerda da Europa Ocidental. Por isso eu falei, em 1973, de problemas de legitimação "no interior" do capitalismo. E novamente, dependendo do contexto nacional mais ou menos urgente, eles estão na ordem do dia. Um sintoma são as exigências de restringir as

Sobre a constituição da Europa

remunerações dos executivos ou de abolir os *golden parachutes*,* as indenizações e os pagamentos de bônus impronunciáveis.

Zeit: *Mas isso é política de fachada. No próximo ano haverá eleições.*
Habermas: Certo, é naturalmente uma política simbólica, apropriada para desviar a atenção do malogro dos políticos e de seus assessores em matéria econômica. Eles estavam a par, desde muito tempo, da falta de regulamentação dos mercados financeiros. Eu acabei de reler mais uma vez o artigo cristalino de Helmut Schmidt, intitulado "Beaufsichtigt die neuen Großspekulanten!" [Vigiem os novos grandes especuladores!], de fevereiro de 2007 (*Die Zeit*, n.6, 2007). Todos sabiam. Mas na América e na Grã-Bretanha as elites políticas consideravam proveitosa a especulação desenfreada, enquanto ela ia relativamente bem. E no continente europeu, curvaram-se diante do Consenso de Washington. Também aqui houve uma ampla coalizão de dispostos,** os quais o senhor Rumsfeld não precisou recrutar.

Zeit: *O Consenso de Washington foi o famoso ou famigerado projeto econômico do FMI e do Banco Mundial de 1990, com o qual primeiro a América Latina e depois a metade do mundo iriam ser reformadas. Sua mensagem central rezava:* trickle down.*** *Deixe os ricos tornarem-se mais rico, depois a riqueza goteja em seguida sobre os pobres.*

---

  * Literalmente, "paraquedas dourados". Referência ao mecanismo pelo qual empresas celebravam contratos com seus principais executivos prevendo multas excessivamente elevadas em caso de rescisão. (N. E.)

 ** "Coalizão de dispostos": referência à coalizão de países que apoiaram a invasão do Iraque em 2003. (N. T.)

*** Literalmente, "fluxo para baixo". Referência à teoria econômica liberal segundo a qual há um movimento implícito da economia em que a prosperidade dos mais ricos beneficia toda a sociedade, seja pelo investimento direto, seja pela ativação do consumo. (N. E.)

Habermas: Desde muitos anos se acumulam provas empíricas de que esse prognóstico é falso. Os efeitos do aumento de riqueza são tão assimétricos nacional e mundialmente que as zonas de pobreza se alargaram aos olhos de todos nós.

Zeit: Para fazer algo como um ajuste de contas com o passado: por que a riqueza é distribuída de maneira tão desigual? O fim da ameaça comunista deixou o capitalismo ocidental desinibido?

Habermas: Com relação ao capitalismo dominado pelo Estado nacional, cercado por políticas econômicas keynesianas, que sem dúvida presenteou os países da OCDE com uma prosperidade incomparável, vista de uma perspectiva histórica, ele já estava no fim antes disso – após o abandono do sistema de taxa fixa de câmbio e o choque do petróleo. A doutrina econômica da Escola de Chicago tornou-se poder prático já sob o governo de Reagan e de Thatcher. Isso apenas prosseguiu sob o governo Clinton e o New Labour – inclusive durante a época de ministro do nosso mais recente herói, Gordon Brown. Todavia, o colapso da União Soviética desencadeou no Ocidente um triunfalismo fatal. O sentimento de ter tido razão na história universal exerce um efeito sedutor. Nesse caso, ele enfunou uma doutrina de política econômica até ela se tornar uma visão de mundo, penetrando todos os domínios da vida.

Zeit: O neoliberalismo é uma forma de vida. Todos os cidadãos devem se tornar empresários e clientes...

Habermas: ... e concorrentes. O mais forte, que se impõe na natureza selvagem da sociedade de concorrência, pode creditar seu êxito ao mérito pessoal. É de uma comicidade abissal que dirigentes econômicos – e não só eles – se deixem cair na con-

Sobre a constituição da Europa

versa fiada das elites em nossas mesas-redondas, que se deixem celebrar, com toda a seriedade, como modelos, deixando atrás de si, mentalmente, o resto da sociedade. Como se eles não pudessem mais distinguir entre elites funcionais e elites obcecadas por honrarias, típicas de sociedades estamentais. O que, por favor, seria exemplar no caráter de pessoas em posições de liderança que fazem seu trabalho mais ou menos ordinariamente? Outro sinal de alarme foi a doutrina Bush de outono de 2002, que preparou a invasão do Iraque. O potencial de darwinismo social inscrito no fundamentalismo de mercado desdobrou-se desde então, não se limitando à política social, mas se estendendo também à política externa.

Zeit: *Mas, como se sabe, Bush não estava sozinho. A seu lado estava um tropel espantoso de intelectuais influentes.*

Habermas: E muitos não aprenderam nada. Entre os mentores, como Robert Kagan, transparece ainda com maior evidência, após o desastre no Iraque, a maneira de pensar com as categorias ferozes de Carl Schmitt. A queda regressiva da política mundial em uma peleja por poder, armada de bombas atômicas e altamente explosiva, é comentada por ele com as palavras: "o mundo voltou à normalidade".

Zeit: *Mas recuemos novamente: o que se perdeu após 1989? O capital simplesmente se tornou poderoso demais em relação à política?*

Habermas: Para mim, no curso dos anos 1990, tornou-se claro que as capacidades de ação política precisam novamente estar à altura dos mercados em nível supranacional. As coisas pareciam estar em conformidade com isso mesmo no início dos anos 1990. George Bush pai falava de um programa para uma nova ordem mundial e parecia querer recorrer às Nações Unidas, por muito tempo bloqueadas – para não dizer desprezadas! As intervenções humanitárias, decididas pelo Conselho de Segurança, de início se multiplicaram bruscamente. A globalização econômica, politicamente desejada, deveria ter sido seguida por uma coordenação política mundial e por uma juridificação mais ampla das relações internacionais. Porém, as primeiras abordagens ambivalentes estavam a meio caminho já no governo Clinton. A presente crise nos faz tomar consciência desse déficit. Desde o começo da modernidade, mercado e política têm de ser balanceados continuamente, de modo que a rede de relações solidárias entre os membros de uma comunidade política não se despedace. Uma tensão entre capitalismo e democracia permanece sempre, visto que mercado e política baseiam-se em princípios opostos. Também, após a última onda de globalização, o fluxo de decisões seletivas, descentralizadas e liberadas, formando redes cada vez mais complexas requer regulamentações que não podem existir sem uma ampliação correspondente dos procedimentos políticos de universalização de interesses.

Zeit*: Mas o que isso significa? O senhor se atém ao cosmopolitismo de Kant e adota a ideia de uma política interna mundial, colocada em jogo por Carl Friedrich von Weizsäcker. Com todo respeito, isso soa consideravelmente ilusório. Basta observar a situação das Nações Unidas.*

Habermas: Mesmo uma reforma radical das instituições centrais das Nações Unidas não seria suficiente. Certo, o Conselho de Segurança, o secretariado, os tribunais de justiça, em geral as competências e os procedimentos dessas instituições precisariam passar por um regime de fortalecimento urgente para impor globalmente a proibição da violência e os direitos humanos – o que por si só já é uma imensa tarefa. Mas mesmo

Sobre a constituição da Europa

se a Carta das Nações Unidas pudesse se desenvolver até se tornar uma espécie de constituição da comunidade internacional, continuaria a faltar nesse quadro um fórum, no qual a política de poder das potências mundiais armadas se transformaria em negociações institucionalizadas sobre os problemas carentes de regulamentação, como aqueles da economia mundial, da política climática e ecológica, da distribuição de disputados recursos energéticos e escassas reservas de água potável, e assim por diante. Nesse nível transnacional surgem problemas de distribuição que não podem ser decididos da mesma maneira que os atentados aos direitos humanos ou as violações da segurança internacional – em última instância, como delitos –, eles precisam ser negociados politicamente.

Zeit: *Mas para isso já há uma instituição comprovada: o G8.*

Habermas: Ele é um clube exclusivo, no qual algumas dessas questões são abordadas sem obrigações. Entre as expectativas exaltadas, que se ligam a essas encenações, e o rendimento medíocre do espetáculo midiático sem consequências existe, de resto, uma desproporção reveladora. A pressão de expectativas ilusórias mostra que as populações percebem muito bem problemas não resolvidos de uma futura política interna mundial – e talvez de modo mais enfático do que seus governos.

Zeit: *O discurso sobre "política interna mundial" soa mais como um sonho de um visionário.*

Habermas: Ainda ontem a maioria das pessoas teria considerado irrealista o que se passa hoje: os governos europeus e asiáticos se sobrepujam com propostas de regulamentação no tocante à falta de institucionalização dos mercados financeiros. Também o SPD [Partido Social-Democrata da Alemanha] e

117

a CDU [União Democrata-Cristã] fazem propostas para as obrigações com a balança comercial e para a formação de capital próprio, para a responsabilidade pessoal dos executivos, para o aprimoramento da transparência, do controle sobre as bolsas e assim por diante. No entanto, só eventualmente se fala de um imposto sobre movimentação financeira, o que já seria um elemento de política tributária global. A nova "arquitetura do sistema financeiro", extremamente almejada, não deverá de todo modo ser facilmente estabelecida, dadas as resistências provenientes dos EUA. Mas, em todo caso, ela bastaria em vista da complexidade desses mercados e da interdependência mundial dos sistemas funcionais mais importantes? Os tratados internacionais, nos quais os partidos pensam hoje, podem ser cancelados a qualquer hora. Daí não surge um regime resistente às intempéries.

Zeit: *Mesmo se novas competências forem transferidas ao FMI, isso não seria ainda uma política interna mundial.*

Habermas: Não quero fazer predições. Em vista dos problemas, podemos, no melhor dos casos, propor considerações construtivas. Os Estados nacionais precisariam entender-se cada vez mais como membros da comunidade internacional, e isso por interesse próprio. Esse é o bloco que deveria ser perfurado nas próximas décadas. Se nós falamos de "política" com o olhar voltado a esse palco, referimo-nos frequentemente à ação de governos que herdaram a autocompreensão de atores coletivos que decidem soberanamente. Porém, essa autocompreensão de um Leviatã, que se desenvolveu desde o século XVII com o sistema de Estados europeu, hoje já não se encontra mais intacta. O que nós chamávamos por "política" ontem altera diariamente seu estado de agregação.

Sobre a constituição da Europa

Zeit*: Mas como isso combina com o darwinismo social que, como o senhor disse, voltou a se propagar na política mundial desde o 11 de Setembro?*

Habermas: Talvez devêssemos dar um passo para trás e contemplar um contexto maior. Desde os fins do século XVIII, o direito e a lei penetraram de ponta a ponta o poder do governo [*Regierungsgewalt*] politicamente constituído e, nas relações internas, despiram-no do caráter substancial de uma mera "violência" [*Gewalt*]. Para o exterior, ele certamente guardou o suficiente dessa substância – apesar da propagação de um emaranhado de organizações internacionais e da crescente força vinculante do direito internacional. Ainda assim, o conceito de "político", cunhado no contexto do Estado nacional, vem se diluindo. No interior da União Europeia, por exemplo, os Estados membros detêm como sempre o monopólio da violência, mas aplicam mais ou menos sem contestações o direito decidido no plano supranacional. Essa mudança de forma do direito e da política tem a ver também com uma dinâmica política que pode ser descrita como uma alternância de abertura funcionalmente forçada e de fechamento socialmente integrador em níveis cada vez superiores.

Zeit*: O mercado abre um rombo na sociedade, e o Estado de bem-estar social volta a tapá-lo?*

Habermas: O Estado de bem-estar social é uma conquista tardia e, como nós aprendemos, frágil. Os mercados em expansão e as redes de comunicação tiveram desde sempre uma força explosiva, ao mesmo tempo individualizante e emancipadora para cada cidadão em particular; mas isso era sempre seguido de uma reorganização das velhas relações solidárias em um quadro institucional ampliado. Esse processo começou no início da modernidade, quando os estamentos dominantes da Alta Idade Média foram passo a passo parlamentarizados em novos Estados territoriais – por exemplo, a Inglaterra ou a França – mediatizados por reis absolutistas. O processo continuou na sequência das revoluções constitucionais dos séculos XVIII e XIX e das legislações do Estado de bem-estar social. Essa domesticação jurídica do Leviatã e do antagonismo de classe não foi uma coisa simples. Mas, pelas mesmas razões funcionais, a constitucionalização bem-sucedida de Estado e sociedade aponta hoje, após a onda posterior de globalização econômica, na direção de uma constitucionalização do direito das gentes e da sociedade mundial dilacerada.

Zeit: *Que papel a Europa desempenharia nesse cenário otimista?*
Habermas: Um diferente do que desempenhou de fato na crise. Eu não entendo bem por que a administração da crise por parte da União Europeia é tão louvada. Com sua decisão memorável, Gordon Brown pôde induzir Paulson, o ministro das Finanças norte-americano, a recuar na interpretação do *bail out* [socorro financeiro], antes custosamente decidido, uma vez que ele, com o apoio do presidente francês e após vencer a relutância inicial de Merkel e Steinbrück, trouxe à tona os mais importantes jogadores da zona do euro. É preciso examinar com toda exatidão esse processo de negociação e seu resultado. Não foram senão os três mais poderosos Estados nacionais, unidos na União Europeia, que, como atores agindo de modo soberano, consentiram em coordenar suas medidas – respectivamente diversas, mas encaminhadas para a mesma direção. Apesar da presença dos senhores Juncker e Barroso, a realização desse acordo internacional de estilo clássico tem muito pouco a ver com uma forma-

Sobre a constituição da Europa

ção da vontade política comum da União Europeia. O *New York Times* registrou então, não sem uma certa malícia, a incapacidade europeia para uma política econômica comum.

Zeit: *E a que o senhor atribui essa incapacidade?*

Habermas: O decurso posterior da crise tornou visível, é claro, a mácula da construção europeia: cada país reage com medidas próprias de política econômica. Já que as competências na União, falando de maneira simplificada, são distribuídas de modo que Bruxelas e o Tribunal de Justiça da União Europeia impõem as liberdades econômicas, ao passo que os custos externos originados por conta disso são impingidos aos países membros, não há hoje uma formação da vontade comum em torno da política econômica. Os Estados membros mais importantes já estão em desavença a respeito dos princípios de quanto Estado e quanto mercado se quer afinal. E cada país exerce sua própria política externa, a Alemanha à frente de todos. A República de Berlim esquece, apesar de toda diplomacia suave, os ensinamentos que a antiga República Federal tirara da história. O governo se refestela dentro de uma margem de ação de política externa que se ampliou desde 1989, recaindo no conhecido esquema dos jogos nacionais de poder entre Estados que, no entanto, encolheram até chegar ao formato de principados-anões.

Zeit: *E o que esses principelhos* **deveriam fazer?**

Habermas: O senhor me pergunta sobre minha lista de desejos? Como eu considero a integração gradual, conforme a situação das coisas, como o único caminho possível para chegar a uma União Europeia capaz de ação, a proposta de Sarkozy a respeito de um governo da zona do euro para a economia se apresenta como um ponto de partida. É claro, isso não significa se com-

Jürgen Habermas

prometer com os princípios do estatismo que está no fundo disso e com os propósitos protecionistas de seus iniciadores. Procedimentos e resultados políticos são duas coisas diferentes. A "cooperação mais estreita" no âmbito da política econômica teria de ser seguida de uma cooperação semelhante na política externa. E ambas não poderiam ser novamente negociadas desconsiderando a vontade das populações.

Zeit: *Isso, como se sabe, nem sequer o SPD apoia.*

Habermas: A liderança do SPD deixa ao critério do democrata-cristão Jürgen Rüttgers, o "líder dos trabalhadores" nas regiões do Reno e do Ruhr, pensar nessa direção. Em toda a Europa os partidos social-democratas estão encurralados, visto que têm de disputar jogos de soma zero com apostas minguadas. Por que eles não aproveitam a chance de romper as grades do Estado nacional, abrindo novas margens de ação no plano europeu? Assim eles poderiam também se destacar em face de uma concorrência regressiva de esquerda. Seja lá o que pode significar hoje "esquerda" e "direita", apenas coletivamente os países do euro poderiam obter um peso na política mundial que lhes permita influir racionalmente sobre a agenda da economia mundial. Do contrário, eles se apresentam como poodles do Tio Sam em uma situação mundial tão perigosa quanto caótica.

Zeit: *A expressão "Tio Sam" – o senhor deve estar profundamente desapontado com os EUA. Para o senhor, os EUA eram o cavalo de tração da nova ordem mundial.*

Habermas: O que nos resta senão montar sobre esse cavalo? Os EUA vão sair debilitados da dupla crise atual. Mas por ora eles continuam a ser a superpotência liberal e se encontram em uma situação que lhes propicia revisar a fundo a autocompreensão

Sobre a constituição da Europa

neoconservadora dos benfeitores paternalistas do mundo. A exportação mundial da própria forma de vida nasce do universalismo falso, centrado, dos velhos impérios. Por sua vez a modernidade se nutre do universalismo descentrado do igual respeito de cada um. É do interesse próprio dos EUA abandonar não somente sua atitude contraproducente em relação às Nações Unidas, mas se colocar na ponta do movimento de reforma. Visto de uma perspectiva histórica, a conjunção de quatro fatores – superpotência, democracia mais antiga sobre a Terra, a entrada em exercício de um presidente, assim espero, liberal e visionário, e uma cultura política na qual orientações normativas encontram uma caixa de ressonância notável – oferece uma constelação única. A América está hoje profundamente insegura por causa do fracasso da aventura unilateralista, da autodestruição do neoliberalismo e do abuso da consciência de sua excepcionalidade. Por que essa nação não iria, como tantas vezes, se convalescer e tentar integrar oportunamente as grandes potências concorrentes de hoje – as potências mundiais de amanhã – em uma ordem internacional que não tem mais necessidade de uma superpotência? Por que um presidente que – oriundo de uma eleição afortunada – encontra na parte interna somente uma margem de ação mínima não iria querer agarrar, ao menos na política externa, essa chance racional, essa chance da razão?

Zeit: Com isso o senhor tiraria dos assim chamados realistas não mais que um sorriso entediado.

Habermas: Eu sei que muita coisa depõe contra isso. O novo presidente norte-americano teria de se impor no seu próprio partido, contra as elites dependentes de Wall Street; e decerto

123

ele deve sofrer impedimentos por conta de reações evidentes a favor de um novo protecionismo. E os EUA precisariam do apoio amistoso de um parceiro de aliança leal, mas seguro de si, para realizar uma guinada tão radical. No entanto, só pode haver um Ocidente "bipolar" em sentido criativo se a União Europeia aprender a falar para o exterior com uma voz e, quem sabe, utilizar o capital de confiança acumulado internacionalmente, a fim de agir com visão mais ampla. O "sim, porém..." é palpável. Em tempos de crise, é preciso talvez uma perspectiva um pouco mais abrangente em vez dos conselhos de *mainstream* e das miudezas do mero "valha o que valha".

Sobre a constituição da Europa

II. O euro decide o destino da União Europeia[*]

Dias cruciais: o Ocidente comemora em 8 de maio, a Rússia em 9, a vitória sobre a Alemanha nazista – mesmo entre nós se trata, na linguagem oficial, de "Dias da Libertação". Nesse ano, as forças armadas da coalizão de guerra criada contra a Alemanha (incluindo uma unidade polonesa) marcharam juntas na parada da vitória. Na Praça Vermelha, em Moscou, Angela Merkel se encontrava imediatamente ao lado de Putin. Sua presença recrudescia o espírito de uma "nova" Alemanha: as gerações alemãs do pós-guerra não esqueceram que elas foram libertadas também pelo exército russo – e que foram algumas de suas maiores vítimas.

A chanceler vinha de Bruxelas, onde, em um papel bem diferente, assistiu a uma derrota de espécie bem diferente. A imagem daquela conferência de imprensa, quando se noticiou a decisão dos chefes de governo da União Europeia a respeito de um fundo de resgate comum para o combalido euro, revela a mentalidade crispada não da Alemanha nova, mas sim da Alemanha de hoje. A foto fremente capta as faces petrificadas de Merkel e Sarkozy – chefes de governo esfalfados que não tinham nada mais a dizer um ao outro. Ela se tornará o documento iconográfico do fracasso de um projeto que marcou por mais de meio século a história europeia do pós-guerra?

---

[*] Publicado em 20 de maio de 2010 no *Zeit* (p.47), com o título: "Nós precisamos da Europa! A nova rigidez: o futuro comum já se tornou indiferente para nós?". Título original: "Wir brauchen Europa! Die neue Hartleibigkeit: Ist uns die gemeinsame Zukunft schon gleichgültig geworden?".

Em Moscou, sob a sombra da tradição da velha República Federal da Alemanha, Merkel havia deixado para trás, naquele 8 de maio em Bruxelas, a luta de semanas de uma lobista a favor dos interesses nacionais do membro economicamente mais forte da União. Apelando ao exemplo de disciplina orçamentária alemã, ela havia bloqueado uma ação comum da União que daria apoio oportuno à solvibilidade da Grécia contra uma especulação que intencionava a bancarrota do país. Declarações de intenção inócuas haviam impedido uma ação preventiva comum. A Grécia seria um caso isolado.

Só depois do mais recente choque das bolsas a chanceler começou a transigir de maneira atônica, amolecida pela massagem de ego realizada coletivamente pelos presidentes dos Estados Unidos, do FMI e do Banco Central Europeu. Por medo das forças de aniquilação em massa da imprensa sensacionalista, ela parecia ter desviado os olhos da força percuciente das armas de aniquilação em massa dos mercados financeiros. Ela não queria, a nenhum preço, uma zona do euro onde quem não quisesse a unificação político-econômica teria de esquecer a união monetária, como diria o presidente da Comissão Europeia, José Manuel Barroso.

A cesura

Entretanto, todos os participantes começaram a atinar para o alcance da decisão de Bruxelas de 8 de maio de 2010. O metaforismo neoalemão, de acordo com o qual nós estendemos sem pausas guarda-chuvas de proteção e amarramos pacotes de socorro, não deve iludir a respeito do fato de que as medidas de urgências para proteger o euro, acertadas da noite para o dia,

Sobre a constituição da Europa

têm consequências bem diferentes de todos os *bailouts* até aqui. Visto que agora a Comissão recolhe créditos com o mercado para a União Europeia como um todo, esse "mecanismo de crise" é um "instrumento da comunidade" que altera as cláusulas contratuais da União Europeia.

O fato de que, de agora em diante, os contribuintes da zona do euro responderem conjuntamente pelos riscos orçamentários de outros Estados membros significa uma mudança de paradigma. Com isso, toma-se consciência de um problema recalcado há muito tempo. A crise financeira, que se ampliou nesse momento, tornando-se crise de Estados, lembra o defeito de nascença de uma união política que estacou a meio caminho. Em um espaço econômico de extensão continental e de um número populacional gigantesco, surgiu um mercado comum com moeda parcialmente comum, sem que, no plano europeu, tivessem sido instituídas competências com as quais as políticas econômicas dos Estados membros pudessem ser coordenadas de uma maneira realmente eficaz.

Hoje ninguém mais afasta da mesa, considerando-a irracional, a exigência do presidente do FMI de um "governo europeu para a economia". As ideias modelares de uma política econômica "conforme às regras", e de um orçamento "disciplinado" segundo as diretrizes do pacto de estabilidade, não satisfazem a exigência de uma adaptação flexível às constelações políticas rapidamente cambiantes. É natural que os orçamentos nacionais precisem ser sanados. Mas decerto não estão em jogo apenas as "trapaças" gregas e as "ilusões de prosperidade" espanholas, mas um ajuste político-econômico do nível de desenvolvimento, no interior de um espaço monetário com economias nacionais heterogêneas. O pacto de estabilidade, que França e

Alemanha tiveram de invalidar em 2005, tornou-se um fetiche. Um fortalecimento das sanções não bastará para balancear as consequências indesejadas de uma assimetria desejada entre a unificação econômica completa e a unificação política incompleta da Europa.

Mesmo a redação de economia do *Frankfurter Allgemeine Zeitung* vê "a união monetária em uma encruzilhada". No entanto, ela apenas incita, com um cenário de horror, a nostalgia do marco alemão diante de "países de moeda fraca", ao passo que uma chanceler adaptável fala, de repente, que os europeus devem se "engrenar com mais força em termos econômicos e financeiros". Mas, por toda volta, não se vê nenhum vestígio da consciência de uma cesura profunda. Uns obscurecem o nexo causal entre a crise do euro e a crise dos bancos, lançando o desastre unicamente na conta de uma falta de disciplina orçamentária. Outros se dedicam zelosamente a apequenar o problema da esperada sintonia entre as políticas econômicas nacionais, tomando-a como uma questão de melhor administração.

A Comissão Europeia quer alongar o prazo do fundo de socorro ao euro, temporalmente limitado, e inspecionar com antecipação os planos orçamentários nacionais — mesmo antes de apresentados aos Parlamentos nacionais. Não que as propostas sejam irracionais. Mas é indecorosa a sugestão de que uma tal intervenção da Comissão no direito dos parlamentos de definir o orçamento não afetaria os tratados, e que o déficit democrático, existente há anos, não aumentaria exorbitantemente. Uma coordenação eficiente das políticas econômicas precisa acarretar um fortalecimento das competências do Parlamento Europeu em Estrasburgo; ela enfrentará, inclusive em outros campos políticos, a necessidade de uma melhor coordenação.

Sobre a constituição da Europa

Os países da zona do euro dirigem-se rumo à alternativa entre um aprofundamento da cooperação europeia e o abandono do euro. Não se trata de "supervisionar mutuamente as políticas econômicas" ([Jean-Claude] Trichet), mas de ação comum. E, para isso, a política alemã está mal preparada.

Mudança de gerações e nova indiferença

Depois do holocausto, foram necessários esforços de décadas para que a Alemanha retornasse ao círculo das nações civilizadas – de Adenauer e Heinemann a Weizsäcker e Kohl, passando por Brandt e Helmut Schmidt. Um genscherismo* taticamente inteligente e uma orientação pró-Ocidente por razões de oportunidade não foram suficientes. Era necessária uma mudança de mentalidade, infinitamente custosa, no grosso da população. O que nossos vizinhos europeus sentiram por fim como reconciliador foram, em primeira linha, as transformações das convicções normativas e a abertura para o mundo das gerações mais jovens, crescidas na Alemanha Ocidental. E naturalmente, no trato diplomático, foram decisivas as convicções fidedignas dos políticos atuantes em sua época.

A desconfiança em relação aos alemães, historicamente fundada, não foi esmorecida apenas em virtude do interesse perceptível em uma unificação europeia pacífica. Os alemães ocidentais pareciam se resignar, de todo modo, com a divisão nacional. Lembrando-se de seus excessos nacionalistas, não lhes foi penoso

---

* Política externa de multilateralismo adotada por Hans-Dietrich Genscher, ministro do Exterior da Alemanha Ocidental de 1974 a 1992. (N. T.)

renunciar à retomada dos direitos de soberania, assumir na Europa o papel de maior país contribuinte e, caso necessário, fornecer prestações antecipadas, o que de toda forma compensava para a Alemanha. O engajamento alemão precisava estar normativamente arraigado, se quisesse convencer. O teste de prova foi bem descrito por Jean-Claude Juncker, quando ele, em vista do cálculo frio de interesses feito por Angela Merkel, sentiu uma falta de disposição em "assumir riscos na política interna a favor da Europa".

A nova rigidez alemã tem raízes mais profundas. A reunificação já havia dado a perspectiva de uma Alemanha engrandecida e ocupada com os próprios problemas. Mais importante foi a fratura das mentalidades, ocorrida depois de Helmut Kohl. Abstraindo um Joschka Fischer, exaurido rápido demais, desde a tomada de posse de Gerhard Schröder governa uma geração normativamente inerme, que se deixa impingir, por uma sociedade cada vez mais complexa, um tratamento arfante com os problemas que emergem dia a dia. Consciente do encolhimento das margens de ação política, tal geração renuncia às metas e aos propósitos da criação política, para não falar de um projeto como o da unificação da Europa.

Hoje as elites alemãs usufruem o reencontro de sua normalidade no âmbito do Estado nacional. Ao fim de um "longo caminho para o Oeste", conquistaram sua carta de maioridade democrática e podem de novo "ser como os outros". O que desapareceu neste povo, vencido também moralmente e forçado à autocrítica, foi a disposição inquieta de se orientar mais rapidamente na constelação pós-nacional. Em um mundo globalizado, todos temos de aprender a incluir a perspectiva do outro na própria perspectiva, em vez de se recolher à mistura egocêntrica de estetização e otimização de proveitos. Um sintoma político da diminuta disposição de aprender são as sentenças do Tribunal Constitucional Federal a respeito dos tratados de Maastricht e Lisboa, que se agarraram às noções ultrapassadas da dogmática jurídica sobre a soberania. Circulando em torno de si mesma e normativamente despretensiosa, a mentalidade de um colosso autista no meio da Europa não é sequer uma garantia de que a União Europeia vá permanecer em seu oscilante *status quo*.

O embotamento da consciência de crise

Uma mudança de mentalidade não é nenhum motivo de reprovação; mas a nova indiferença tem consequências para a percepção política do desafio atual. Pois quem está realmente pronto a tirar da crise bancária aqueles ensinamentos que a cúpula do G20 em Londres, com belas declarações de intenções, protocolou há muito tempo – e lutar por eles?

Em relação à domesticação do capitalismo financeiro asselvajado, ninguém pode se iludir sobre a vontade majoritária das populações. No outono de 2008, pela primeira vez na história do capitalismo, a espinha dorsal do sistema da economia mundial, impulsionada pelo mercado financeiro, pôde ser salva do colapso apenas com as garantias dadas pelos contribuintes. E esse fato de que o capitalismo não pode mais se reproduzir por força própria se sedimentou desde então na consciência dos cidadãos, que devem responder, como contribuintes, pela "falha do sistema".

As exigências dos *experts* estão sobre a mesa. Discutem-se a elevação do capital próprio dos bancos, mais transparência para a operação dos fundos de *hedge*, controle aprimorado das bolsas e das agências de classificação, proibição de instrumentos especulativos fantasiosos e danosos para as economias nacionais, imposto sobre transações financeiras, taxa sobre os bancos, separação entre bancos de investimentos e bancos de negócios, decomposição preventiva daqueles complexos bancários que "são grandes demais para deixá-los ir à falência". A face de Josef Ackermann, o astuto lobista chefe do ramo bancário, refletiu certo nervosismo quando Maybrit Illner pediu-lhe que escolhesse pelo menos alguns desses "instrumentos de tortura" proposto pelo legislador.

Não que a regulamentação dos mercados financeiros seja uma coisa simples. Certamente, para isso também é preciso a perícia de banqueiros sagazes. Mas as boas intenções fracassam menos por causa da "complexidade dos mercados" do que pela pusilanimidade e pela falta de independência dos governos nacionais. Elas fracassam por causa da renúncia apressada a uma cooperação internacional que se coloque como meta estruturar as capacidades de ação política inexistentes – mundialmente, na União Europeia e, de início, no interior da zona do euro. No caso da ajuda à Grécia, os negociantes de divisas e os especuladores creem antes no derrotismo de bom negociante de Ackermann do que na anuência gélida de Merkel para o fundo de socorro ao euro; de maneira realista, eles não se fiam na capacidade dos países do euro para uma cooperação decidida. Como iria ser diferente em relação a uma associação que gasta suas energias em brigas de galo, a fim de ocupar seus postos mais influentes com as figuras as mais insípidas?

Em tempos de crise, até mesmo pessoas podem fazer história. Nossas elites políticas apáticas, que preferem seguir as

Sobre a constituição da Europa

manchetes do jornal *Bild*, tampouco podem alegar que seriam as populações que se colocam no caminho de uma unificação europeia mais aprofundada. Pois elas sabem como ninguém que a opinião das pessoas, captada em pesquisas de opinião pública [*demoskopisch*], não é a mesma coisa que o resultado de uma vontade democrática dos cidadãos, deliberativamente formada. Até agora, em nenhum país houve uma única eleição para o Parlamento europeu, ou um único referendo que fosse, em que se decidisse sobre algo diferente de temas e programas nacionais. Deixando de lado a estreiteza das esquerdas que se restringem ao âmbito do Estado nacional (e com isso não me refiro somente a *Die Linke* [Partido A Esquerda]); até agora todos os partidos políticos nos devem a tentativa de configurar politicamente a opinião pública por meio de um esclarecimento ofensivo.

Com um pouco de postura política, a crise da moeda comum pode propiciar o que muitos haviam esperado certa vez de uma política externa europeia: a consciência, para além dos limites nacionais, de partilhar um destino europeu comum.

Jürgen Habermas

III. Um pacto a favor ou contra a Europa?[*]

A última semana de março foi tomada por dois grandes acontecimentos políticos. A perda de poder dos partidos governistas na terra natal da CDU [União Democrata-Cristã] selou o abandono da energia atômica; dois dias antes, o Conselho Europeu conjugou suas resoluções para estabilizar a moeda comum com uma iniciativa de coordenar, tardiamente, as políticas econômicas nos Estados membros participantes. Todavia, o peso desse surto de política de integração é mal percebido pelo público, pois, em outros aspectos, os dois acontecimentos formam um contraste notável. Em Baden-Württemberg, um movimento social, após quarenta anos de protesto da sociedade civil, dobrou uma mentalidade empedernida, na qual as elites favoráveis à indústria podiam se fiar até então. Em Bruxelas, após um ano de especulação contra o euro, é aprovado, a portas fechadas, um pacote de medidas visando ao "controle da política econômica", com cujos efeitos se ocupam, em primeira linha, juristas, economistas e cientistas políticos. Ali e aqui se contrapõem uma mudança de mentalidade, batalhada a partir de baixo por um longo período de tempo, e um surto de integração na cooperação dos governos nacionais, forçado pelos mercados financeiros em um curto período de tempo.

---

[*] Publicado em 7 de abril de 2011 no *Süddeutschen Zeitung* (p.11), com o subtítulo "Razões para uma comunidade não faltam, mas certamente falta vontade política – e responsabilidade". Título original: "Ein Pakt für oder gegen Europa?: An Gründen für eine Gemeinschaft fehlt es nicht, wohl aber an einem politischen Willen – und an Verantwortung".

Sobre a constituição da Europa

A guinada na política energética, que há décadas despontou sob a luz política de uma esfera pública argumentativa e sonora, significa uma cesura. Mas isso se aplica também à mudança política em direção a uma sintonia de programas que, conforme o Tratado da União Europeia, são de competência nacional – mudança negociada de maneira expertocrática, represada nas seções de economia da imprensa e efetuada quase que atonicamente? Qual é o problema – e o que pode ser resolvido por meio de um compromisso entre os chefes de governo dos Estados membros participantes?

A falha de construção da união monetária

A questão técnica de saber se o mecanismo de estabilidade acordado em Bruxelas, que substitui no ano de 2013 o fundo de resgate acordado em maio de 2010, dará fim à especulação contra o euro, eu a deixo de lado. Mais importante é a questão política a respeito da falha de construção para a qual *todos* abrem os olhos agora em virtude da especulação do mercado financeiro. Quando da introdução do euro no ano de 1999, alguns esperavam ainda a continuidade do processo de unificação *política*. Outros adeptos acreditavam no manual ordoliberal, fiando-se mais na organização econômica do que na democracia. Eles tinham em mente que a observância de regras simples para consolidar os orçamentos estatais deveria bastar para suscitar uma equiparação dos desenvolvimentos econômicos nacionais (medida pelos custos unitários dos salários).

As duas expectativas foram dramaticamente frustradas. A rápida sucessão de crise financeira, crise da dívida e crise do euro tornou visível a construção falha de um espaço econômico e monetário, ao qual faltam os instrumentos de uma política econômica comum. Sob essas pressões sistêmicas, os eurocéticos, como Angela Merkel, são compelidos relutantemente a dar um passo em direção à integração. Agora a falha deve ser eliminada tomando-se a via informal da "coordenação solta". Essa solução de urgência tem o mérito, da perspectiva dos atores em jogo, de não despertar os cachorros. Por outro lado, supondo que funcione de modo geral, ela é antidemocrática quanto às consequências e capaz de atiçar ressentimentos mútuos entre as populações dos diversos Estados membros.

Os chefes de governo se comprometeram a aplicar nos respectivos países um catálogo de medidas de políticas financeira, econômica, social e salarial, as quais seriam propriamente assunto dos parlamentos nacionais (ou, dependendo do caso, de sindicatos e empregadores). As recomendações espelham um padrão político que traz a marca da caligrafia alemã. A propósito da sabedoria político-econômica da austeridade prescrita, ameaçando acabar em uma deflação contraproducente em longo prazo na periferia, eu não quero falar em absoluto. Eu me concentro no procedimento: os chefes de governo querem todos os anos se ombrear, a fim de verificar se os colegas conseguiriam ajustar, conforme as "diretrizes" do Conselho Europeu, o nível de endividamento, a idade mínima para a aposentadoria, a desregulamentação do mercado de trabalho, o sistema de previdência e o de saúde, os salários no setor público, a cota salarial, os impostos sobre pessoas jurídicas e muito mais.

O falso método

A desobrigação jurídica, que caracteriza o entendimento prévio intergovernamental sobre políticas capazes de interfe-

Sobre a constituição da Europa

rir em competências centrais dos Estados membros e de seus parlamentos, conduz a um dilema. Se as recomendações para o controle político-econômico permanecem sem efeito, perenizam-se os problemas que deveriam resolver. Se, no entanto, os governos coordenam suas medidas realmente da maneira intencionada, precisam "arranjar" em casa a legitimação necessária para tanto. Mas isso acaba gerando um *claro-escuro* formado pela pressão vinda de cima e pela acomodação voluntária ou involuntária vinda de baixo. Pois o que significa o direito da Comissão de examinar "oportunamente" os orçamentos dos Estados membros, ou seja, antes da decisão do Parlamento, senão a presunção de criar um precedente eficaz?

Sob esse véu cinza, os parlamentos nacionais (e, conforme o caso, os sindicatos) não podem se furtar à suspeita de ficar restritos a apenas anuir a pré-decisões tomadas em outros lugares, isto é, de limitar-se a compreendê-las de maneira concreta. Essa suspeita deve corroer toda credibilidade democrática. O palavrório de uma coordenação, cujo *status* jurídico permanece propositadamente na imprecisão, não basta para regulamentações que exigem uma ação comum da União. Tais resoluções precisam ser legitimadas *pelas duas* vias previstas quanto às decisões da União – não apenas pela via indireta dos governos representados no Conselho, mas também diretamente pela via do Parlamento Europeu. Caso contrário, somente acelera a conhecida dinâmica centrífuga do apontar o dedo para Bruxelas – o método falso atua como elemento desagregador.

Enquanto os cidadãos europeus olharem somente os seus governos como agentes no palco europeu, eles perceberão os processos de decisão como jogos de soma zero, durante os quais os próprios atores precisam se impor contra os demais.

Os heróis nacionais se perfilam contra "os outros", culpados de tudo o que o monstro de Bruxelas "nos" impõe e exige. Os cidadãos europeus só poderão perceber as tarefas do controle político-econômico como tarefas a serem vencidas em comum se voltarem os olhos para o Parlamento de Estrasburgo eleito por eles, composto de partidos e não de nações.

E a alternativa?

Uma alternativa mais exigente consistiria em que a Comissão exercesse essas tarefas pela via democrática do "procedimento legislativo ordinário", ou seja, com o consentimento do Conselho *e* do Parlamento. Todavia, isso requereria uma transferência de competências dos Estados membros para a União, e uma alteração tão incisiva do Tratado parece irrealista por ora.

Provavelmente é correta a expectativa segundo a qual as populações, exauridas com a União Europeia, rejeitariam, *sob as circunstâncias dadas*, uma transferência dos direitos de soberania, mesmo no âmbito central da União. Mas essa predição é cômoda demais, enquanto as elites políticas se aliviam assim de sua responsabilidade pelo estado lastimável da União. Não é evidente que o amplo consentimento de décadas à unificação europeia tenha diminuído fortemente, mesmo na Alemanha. O processo de unificação europeu, desde o início operado à parte da vontade da população, acha-se hoje em um impasse, porque ele não pode prosseguir sem que a modalidade administrativa até agora usual seja substituída por uma participação mais forte da população. Em vez disso, as elites políticas enfiam a cabeça na areia. Elas prosseguem impassivelmente seu projeto elitista e a tutela dos cidadãos europeus. Eu gostaria de aduzir apenas três razões para essa desfaçatez.

Sobre a constituição da Europa

A redescoberta do Estado nacional alemão

A unificação nacional colocou em marcha, na Alemanha, uma mudança de mentalidade que (como comprovam algumas investigações na ciência política) abrange também a autocompreensão e a orientação da política externa alemã, colocando-a na direção de um autocentramento mais intenso. Desde os anos 1990, vem se fortalecendo pouco a pouco a consciência de si de uma "potência central" militarmente apoiada, agindo como jogador sob o palco da política mundial. Essa autocompreensão recalca a cultura de discrição, até então resguardada, de um poder civilizador que queria sobretudo contribuir para a juridificação do sistema de concorrência desenfreada entre os Estados. Essa mudança se mostra, em particular desde a troca de governo de 2005, também quanto à política europeia. A noção de Genscher sobre a "vocação europeia" de uma Alemanha cooperativa se agravou, de maneira cada vez mais forte, com uma franca pretensão de liderança, passando de uma "Alemanha europeia para uma Europa de cunho alemão". Não que a unificação da Europa não tenha sido do interesse alemão desde o começo. Mas a consciência de uma herança moral obrigatória dada pela história depunha a favor da discrição diplomática e da disposição de adotar as perspectivas dos outros, de conceder peso a pontos de vista normativos e de eventualmente atenuar conflitos por meio de concessões prévias.

Para Angela Merkel, isso pode desempenhar algum papel nas relações com Israel. Mas a prioridade de considerações nacionais nunca antes saiu à luz de maneira tão crua como na resistência de uma chanceler que, antes de seu debacle de 8 de maio de 2010, tratou de bloquear durante semanas a ajuda europeia à Grécia e o guarda-chuva de proteção ao euro. Mesmo o pacote de agora é amarrado com tão pouca sensibilidade por pedantes da política econômica que os países vizinhos apontarão, na ocasião apropriada, não mais para Bruxelas, mas para o padrão político "alemão", o qual eles não querem emborcar sobre si. A essa mudança de mentalidade neoalemã se ajusta, aliás, a sentença sobre o Tratado de Lisboa dado pelo Tribunal Constitucional Federal, o qual, dotado de uma definição arbitrária de competências nacionais inexoráveis, erige-se em guardião da identidade do Estado nacional contra os demais esforços de integração. Alguns especialistas de direito público comentaram de maneira excelente a sentença com o título sarcástico: "O Tribunal Constitucional diz 'sim' à Alemanha".

Oportunismo orientado por pesquisas de opinião pública

A nova normalidade alemã não explica o fato de não ter havido, em nenhum dos Estados membros, uma única eleição para o Parlamento Europeu e quase nenhum referendo em que se decidisse sobre algo diferente de temas e programas nacionais. Os partidos políticos evitam naturalmente a tematização de questões impopulares. De um lado, isso é trivial, visto que a meta dos partidos é ganhar as eleições. De outro, não é de modo algum trivial porque há décadas as eleições para o Parlamento Europeu são dominadas por assuntos e pessoas a respeito dos quais não cabe decisão alguma. A circunstância de que os cidadãos se iludem sobre a relevância dos acontecimentos em Estrasburgo e em Bruxelas, subjetivamente distantes, funda muito bem uma dívida portável, da qual, porém, os partidos políticos fogem renitentemente.

Sobre a constituição da Europa

Certamente, a política hoje parece em geral transitar para um estado de agregação que se destaca pela renúncia às perspectivas de futuro e à vontade criativa. O aumento de complexidade das matérias carentes de regulamentação força reações de curto fôlego, com margens de ação reduzidas. Como se os políticos tivessem se apropriado do olhar desmascarador da teoria dos sistemas, eles seguem descaradamente o roteiro oportunista de uma pragmática do poder orientada por pesquisas de opinião pública, a qual prescinde de todos os vínculos normativos. A moratória da energia nuclear é apenas o exemplo mais chamativo. E não Guttenberg, mas a própria chefe de governo "levou à mentira metade da República e quase a CDU inteira" (nas palavras do *Frankfurter Allgemeine Zeitung*), quando manteve no cargo o autor do plágio publicamente comprovado, em função de sua popularidade. Calculando friamente, ela confiscou a compreensão do cargo público próprio de um Estado de direito em troca de alguns poucos dinheiros, os quais, porém, não pôde depois embolsar nas urnas. Um Grande Rufo* selou a normalidade dessa prática.

A isso subjaz uma compreensão da democracia que, após a reeleição de George W. Bush, o *New York Times* formulou como *post-truth democracy* [democracia pós-verdade]. Na medida em que a política torna seu agir inteiro dependente da concordância com estados de ânimo que ela rastreia de eleição em eleição, o procedimento democrático perde seu sentido. Uma eleição democrática não existe para meramente retratar um espectro espontâneo da opinião; ao contrário, deve reproduzir o resultado de um

---

* *Großer Zapfenstreich*: toque militar de um dos mais importantes cerimoniais alemães. Ele foi executado em homenagem ao ex-ministro da Defesa Karl-Theodor zu Guttenberg, logo após sua renúncia, em março de 2011, em virtude do plágio que cometeu em sua tese de doutorado. (N. T.)

processo público de formação da opinião. Os votos deixados nas cabines eleitorais só recebem o peso institucional da code-terminação democrática se vinculados a opiniões publicamente articuladas, que se *formaram* no intercâmbio comunicativo das tomadas de posição, das informações e das razões relevantes para o tema. Por essa razão, a lei fundamental privilegia os partidos, os quais, conforme o artigo 21, "cooperam na formação política da vontade do povo". A União Europeia não poderá assumir um caráter democrático enquanto os partidos políticos evitarem apreensivamente *tematizar em geral* as alternativas para decisões de longo alcance.

O mal-estar na classe política e midiática

As mídias não estão alijadas da lamentável mudança de forma da política. De uma parte, os políticos se deixam seduzir pela suave pressão das mídias, fazendo encenações de curto fôlego. De outra parte, a configuração dos programas da própria mídia se deixa contaminar pela ânsia desse ocasionalismo. Os(as) mo-deradores(as) animados(as) dos numerosos *talk shows* servem, com suas personagens sempre iguais, um mingau de opiniões que priva até o último espectador da esperança de que possa haver ainda *razões* que *contem* no tocante a temas políticos. De vez em quando, o *Presseclub* da ARD* mostra que é possível também algo diferente.

Certamente, se eu vejo bem, não estamos tão mal com nossa imprensa de qualidade, em uma comparação internacional. Mas também essas mídias de ponta não passam incólumes pelo

---

* Programa veiculado pela rede de emissoras públicas alemãs ARD. (N. E.)

Sobre a constituição da Europa

fato de que a classe midiática *cresce com* a classe política – e, inclusive, ainda se orgulha dessa parceria. Um exemplo disso é o assombroso aplauso de um exigente semanário "liberal" para a chanceler, quando esta "berlusconizou", na causa de Guttenberg, a cultura política do país. Ademais, a imprensa de opinião, se quisesse formar um contrapeso contra uma política sem perspectiva, não poderia deixar que seus temas fossem ditados pelo ritmo dos acontecimentos diários. Por exemplo, ela trata a superação da crise do euro como um tema econômico altamente especializado; nesse caso, falta o contexto quando as redações políticas se dignam, a grandes distâncias, a aproveitar eventualmente as consequências da crise para discutir a reforma da União Europeia em seu todo.

A redescoberta do Estado nacional alemão, a nova modalidade de uma política procedendo com visão curta e descompassadamente e o crescimento conjunto da classe política e midiática podem ser os motivos da falta de ar da política no que concerne a um projeto tão grande como a unificação da Europa. Mas talvez o olhar para cima, para as elites políticas e para as mídias, vá em direção falsa de modo geral. Talvez as motivações por ora ausentes possam apenas ser geradas a partir de baixo, a partir da própria sociedade civil. O abandono da energia nuclear é um exemplo de que as evidências político-culturais e, com elas, os parâmetros da discussão pública não se modificam sem o trabalho de toupeira persistente dos movimentos sociais.

De onde devem vir os motivos?

Um movimento social para a Europa não está no ar. Em vez disso, nós observamos algo diferente – um desânimo político, cujas causas não são claras. Os diagnósticos correntes ligam o mal-estar aos traços de personalidade e às características de estilo de figuras substitutas e antípodas celebradas. Isso significa que muitos cidadãos apreciam no político recém-chegado Gauck o perfil anguloso de uma biografia de resistência, no comunicador Guttenberg, a eloquência e a pompa da exposição elegante, e no moderador Geißer, o caráter tosco de um espertalhão simpático — sempre qualidades coloridas que faltam aos modestos administradores da rotina política. Mas esse entusiasmo antipolítico pelo suprapartidário poderia ser também uma válvula de escape para um aborrecimento bem diferente — para um desgosto com uma política *pouco exigida*.

Antigamente, as políticas dos governos federais deixavam-se enfeixar de uma perspectiva compreensível: Adenauer fixava-se no vínculo com o Ocidente; Brandt, na política com o Leste Europeu e com o Terceiro Mundo; Schmidt relativizou o destino da pequena Europa adotando o ponto de vista da economia mundial; Helmut Kohl quis inserir a unificação nacional na unificação europeia. Todos queriam fazer ainda alguma coisa! Já Schröder mais reagiu do que criou; ainda assim, Joschka Fischer quis provocar uma decisão sobre a *finalité*, pelo menos sobre a direção da unificação europeia. Desde 2005, os contornos se esfumam por completo. Não se pode mais reconhecer o que está em jogo; se, em geral, trata-se ainda de algo mais do que o próximo êxito eleitoral. Os cidadãos sentem que uma política normativamente descaroçada lhes *retém* algo. Esse déficit se expressa tanto no afastamento da política organizada como naquela nova disposição ao protesto da base, da qual o Stuttgart 21 é a cifra. Para um ou outro partido, poderia valer a pena arregaçar as mangas, a fim de lutar ofensivamente nas praças do mercado pela unificação europeia.

Sobre a constituição da Europa

A renúncia aos "grandes" projetos não é o suficiente. A comunidade internacional não pode se furtar à mudança climática, aos riscos mundiais da tecnologia nuclear, à necessidade de regular o capitalismo impulsionado pelo mercado financeiro ou à imposição dos direitos humanos em nível internacional. E, diante da grandeza desses problemas, a tarefa que nós temos de solucionar na Europa já tem quase um formato visível.

Referências bibliográficas

ARCHIBUGI, D. *The Global Commonwealth of Citzens. Toward Cosmopolitan Democracy*. Princeton/Oxford: Princeton UP, 2008.

ARCHIBUGI, D.; HELD, D. (orgs.). *Cosmopolitan Democracy. An Agenda for a New World Order*. Cambridge: Polity Press, 1995.

BAST, J. Europäische Gesetzgebung: Fünf Stationen in der Verfassungsentwicklung der EU. In: FRANZIUS, C.; MAYER, F. C.; NEYER, J. (orgs.). *Strukturfragen der Europäischen Union*. Baden-Baden: Nomos, 2010. p.173-80.

BAYLIN, B. *The Debate on the Constitution*: Federalist and Antifederalist Speeches, Articles, and Letters During the Struggle over Ratification, September 1787-1788. 2v. New York: Library of America, 1993.

BAYNES, K, Discourse Ethics and the Political Conception of Human Rights. *Ethics & Global Politics,* v.2, p.1-21, 2009.

_____. Toward a Political Conception of Human Rights. *Philosophy & Social Criticism,* v.35, p.371-90, 2009.

BECKERT, J.; STREECK, W. Die nächste Stufe der Krise. *Frankfurter Allgemeine Zeitung*, 20 ago. 2011.

BLOCH, E. *Naturrecht aund menschliche Würde*. Frankfurt am Main: Suhrkamp, 1961.

BÖCKENFÖRDE, E.-W. *Geschichte der Rechts- und Staatsphilosophie*. Tübingen: Mohr Siebeck, 2002. p.312-370.

BROWN, G. W.; HELD, D. (orgs.). *The Cosmopolitan Reader*. Cambridge: Polity Press, 2010.

BRUNKHORST, H. A Polity Without a State? European Constitutionalism Between Evolution and Revolution. In: ERIKSEN, E. O.; FOSSUM, J. E.; MENÉNDEZ, A. J. (orgs.). *Developing a Constitution for Europe*. London: Routledge, 2004.

BRUNKHORST, H. State and Constitution: A Reply to Scheuerman. *Constellations*, v.15, p.493-501, 2008.

CALLIES, C. *Die neue Europäische Union nach dem Vertrag von Lissabon. Ein Überblick über die Reformen unter Berücksichtigung ihrer Implikationen für das deutsche Recht*. Tübingen: Mohr Siebeck, 2010.

COHEN, J. Minimalism About Human Rights: The Most We Can Hope For? *The Journal of Political Philosophy*, v.12, p.190-213, 2004.

DAHL, R. A. Federalism and the Democratic Process. In: PENNOCK, J. R.; CHAPMAN, J. W. (orgs.). *Nomos XXV: Liberal Democracy*. New York: New York UP, 1983. p.95-108.

DENNINGER, E. Die Rechte der Anderen. Menschenrechte und Bürgerrecht im Widerstreit. *Kritische Justiz*, v.3, p.226-38, 2009.

DENNINGER, E. Der Menschenwürdesatz im Grundgesetz und seine Entwicklung in der Verfassungsrechtsprechung. In: PEINE, F. J.; WOLFF, H. A. (orgs.). *Nachdenken über Eigentum*. Festchrifft für Alexander von Brünneck. Baden-Baden: Nomos, 2011. p.397-411.

EBERL, O.; NIESEN, P. Kommentar. In: KANT, I. *Zum ewigen Frieden*. Berlim: Suhrkamp, 2011.

EDER, K. Europäische Öffentlichkeit und multiple Identitäten – das Ende des Volksbgriffs?. In: FRANZIUS, C.; PREUß, U. K. (orgs.). *Europäische Öffentlichkeit*. Baden-Baden: Nomos, 2004. p.61-80.

ELIAS, N. Über den Prozeß der Zivilization. 2.v. Bern/Mündchen: Francke-Verlag, 1969. [Ed. bras.: *O processo civilizador*. 2v. Rio de Janeiro: Zahar, 1990/1993.]

ENZENSBERGER, H. M. *Sanftes Monster Brüssel oder Die Entmündigung Europas*. Berlin: Suhrkamp, 2011.

FLYNN, J. Habermas on Human Rights: Law, Morality and Intercultural Dialogues. *Social Theory and Praxis*, v.29, n.3, p.431-457.

FOLLESDALS, A. Universal Human Rights as a Shared Political Identity. Necessary? Sufficient? Impossible?. *Metaphilosophy*, v.40, n.1, p.78-91, 2009.

FORST, R. The Justification of Human Rights and the Basic Right to Justification. A Reflexive Approach. *Ethics*, v.20, p.711-40, 2010.

_____; SCHMALZ-BRUNS, R. (orgs.). *Political Legitimacy and Democracy in Transnational Perspective*. Arena Report, n.2, v.11, Oslo, 2001.

FRANZIUS, C. *Europäische Verfassungsrechtsdenken*. Tübingen: Mohr Siebeck, 2010.

_____; MAYER, F. C.; NEYER, J. (orgs.). *Strukturfragen der Europäischen Union*. Baden-Baden: Nomos, 2010.

_____; PREUSS, U. K. Solidarität und Selbstbehauptung: Die Zukunft der EU im 21. Jahrhundert. [manuscrito inédito, 2011.]

FROWEIN, J. A. Konstitutionalizierung des Völkerrechts. In: DICKE, J. et al. *Völkerrecht und Internationales Privatrecht in einem sich globalisierenden internationalen System*. Berichte der Deutschen Gesellschaft für Völkerrecht, v.39, Heidelberg: C. F. Müller, 2000. p.427-47.

GARDBAUM, S. The "Horizontal Effect" of Constitutional Rights. *Michigan Law Review*, n.102, p.388-459, 2003.

GROß, T. Postnationale Demokratie – gibt es ein Menschenrecht auf transnationale Selbstbestimmung? *Rechtwissenschaft*, v.2, p.125-53, 2011.

GÜNTHER, K. Kampf gegen das Böse? Zehn Thesen wider die ethische Aufrüstung der Kriminalpolitik. *Kritische Justiz*, n.27, p.135-57, 1994.

_____. Liberale und diskurstheoretische Deutungen der Menschenrechte. In: BRUGGER, W.; NEUMAN, U.; KIRSTE, S. (orgs.). *Rechtsphilosophie im 21. Jahrhundert*. Frankfurt am Main: Suhrkamp, 2008. p.338-59.

_____. Menschenrechte zwischen Staaten und Dritten. Vom vertikalen zum horizontal Verständnis der Menschenrechte. In: DEITELHOFF, N.; STEFFEK, J. (orgs.). *Was bleibt vom Staat? Demokratie, Recht und Verfassung im globalen Zeitalter*. Frankfurt am Main: Campus, 2009. p.259-80.

GÜNTHER, K. Von der gubernativen zur deliberativen Menschenrechte als Akt kolletiver Selbstbestimmung. In: HALLER, G.; GÜNTHER, K.; NEUMANN, U. (orgs.). *Menschenrechte und Volkssouveränität in Europa: Gerichte als Vormund der Demokratie?* Frankfurt am Main: Campus, 2011. p.45-60.

HABERMAS, J. Der demokratischen Rechtsstaat – eine paradoxe Verbindung widersprüchlicher Prinzipien? [2001]. In: _____. *Philosophische Texte, v.4, Politische Theorie.* Frankfurt am Main: Suhrkamp, 2009. p.154-75.

_____. Drei normative Modelle der Demokratie [1996]. In: *Philosophische Texte, v.4, Politische Theorie.* Frankfurt am Main: Suhrkamp, 2009. p.70-86.

_____. Eine politische Verfassung für die pluralistische Weltgesellschaft? In: _____. *Zwischen Naturalismus und Religion.* Frankfurt am Main: Suhrkamp, 2005. p.324-65.

_____. *Faktizität und Geltung.* Frankfurt am Main: Suhrkamp, 1992.

_____. Hat die Demokratie noch eine epistemische Dimension? Empirische Forschung und normative Theorie [2008]. In: *Philosophische Texte, v.4, Politische Theorie.* Frankfurt am Main: Suhrkamp, 2009. p.87-139.

_____. Hat die Konstitutionalisierung des Völkerrechts noch eine Chance? In: _____. *Der gespaltene Westen.* Frankfurt am Main: Suhrkamp, 2004. p.113-93.

_____. Hat die Konstitutionalizierung des Wölkrrechts noch eine Chance? [2004]. In: _____. *Philosophische Texte, v.4, Politische Theorie.* Frankfurt am Main: Suhrkamp, 2009. p.313-401.

_____. Ist die Herausbildung einer europäischen Identität nötig, und ist sie möglich? In: _____. *Der gespaltene Westen.* Frankfurt am Main, 2004. p.68-82.

_____. Kants Idee des ewigen Friedens – aus dem historischen Abstand von 200 Jahren. In: _____. *Die Einbeziehung des Anderen. Studien zur politischen Theorie.* Frankfurt am Main: Suhrkamp, 1996. p.192-236.

_____. Konstitutionalisierung des Völkerrechts und die Legitimationsprobleme einer verfaßten Weltgesellschaft [2008]. In: *Philosophische*

Texte, v.4, *Politische Theorie*. Frankfurt am Main: Suhrkamp, 2009. p.402-24.

_____. Konstitutionalizierung des Wölkerrechts und die Legitimationsprobleme einer verfaßten Weltgesellschaft [2008]. In: _____. *Philosophische Texte*, v.4, *Politische Theorie*. Frankfurt am Main: Suhrkamp, 2009. p.402-24.

_____. Zur Architektonik der Diskursdifferenzierung. Kleine Replik auf eine große Auseinandersetzung. In: _____. *Zwischen Naturalismus und Religion*. Frankfurt am Main: Suhrkamp, 2005. p.84-105.

_____. Zur legitimation durch Menschenrechte [1998]. In: _____. *Philosophische Texte*, v.4, *Politische Theorie*. Frankfurt am Main: Suhrkamp, 2009. p.298-312.

HALBERSTAM, D.; MÖLLERS, C. The German Constitutional Court Says *"Já zu Deutschland!"*. *German Law Journal*, n.10, p.1241-58, 2009.

HELD, D.; KAYA, A. (orgs.). *Global Inequality. Patterns and Explanations.* Cambridge: Polity Press, 2007.

_____; MCGREW, A. *Governing Globalization. Power Authority and Global Governance.* Cambridge: Polity Press, 2002.

_____; MCGREW, A. *The Global Transformation Reader. An Introduction to the Globalization Debate.* Cambridge: Polity Press, 2000.

HOFFMANN, C. Klub der Illusionisten. Ohne gemeinsame Finazpolitik ist die Krise in Europa nicht zu lösen. *Süddeutsche Zeitung*, 3-4 set. 2011.

HONNETH, A. *Kampf um Annerkennung. Zur moralischen Grammatik sozialer Konflikte.* Frankfurt am Main: Suhrkamp, 1992. [Ed. bras.: *Luta por reconhecimento*: A gramática moral dos conflitos sociais. São Paulo: Editora 34, 2003.]

HUBER, W. *Gerechtigkeit und Recht. Grundlinien christlicher Rechtsethik.* Gütersloh: Chr. Kaiser, 1996.

KANT, I. *Der Streit der Fakultäten.* In: _____. *Werkausgabe in zwölf Bänden*, v.11, *Schriften zur Anthropologie, Geschichtsphilosophie, Politik und Pädagogik I.* Edição de Wilhelm Weischedel. Frankfurt am Main: Suhrkamp, 1968. p.265-393. [Ed. Port.: *O conflito das faculdades*. Lisboa: Edições 70, 1993.]

KANT, I. *Die Metaphysik der Sitten. Rechstlehre.* In: _____. *Werksausgabe in zwölf Bänden*, v.3. Edição de Wilhelm Weischedel. Frankfurt am Main: Suhrkamp, 1968. p.309-499. [Ed. Port.: *Metafísica dos costumes. Parte 1:* Princípios metafísicos da doutrina do Direito. Lisboa: Edições 70, 2004.]

_____. *Grundlegung zur Metaphysik der Sitten.* In: _____. *Werkausgabe in zwölf Bänden*, v.2. Edição de Wilhelm Weischedel. Frankfurt am Main: Suhrkamp, 1968. p.11-102. [Ed. bras.: *Fundamentação da metafísica dos costumes.* São Paulo: Barcarolla, 2010.]

KOSKENNIEMI, M. Between Coordination and Constitution. International Law as German Discipline. *Redescriptions. Yearbook of Political Thought, Conceptual History and Feminist Theory*, v.15, 2011.

_____. *The Gentle Civilizer of Nations. The Rise and Fall of International Law 1870-1960.* Cambridge: Cambridge UP, 2001.

LACROIX, J.; NICOLÄIDES, K. (orgs.). *European Stories. Intellectual Debates on Europe National Contexts.* Oxford: Oxford UP, 2010.

LOHMAN, G. Die Menschenrechte: Unteilbar und gleichgewichtig? – Eine Skizze. In: _____ et al. (orgs.). *Die Menschenrechte: Unteilbar und gleichgewichtig? Studien zur Grund- und Menschenrechte II* . Potsdam: Universitätsverlag Potsdam, 2005. p.5-20.

_____. Menschenrechte zwischen Moral und Recht. In: GOSEPATH, S.; _____. (orgs.). *Philosophie der Menschenrechte.* Frankfurt am Main: Suhrkamp, 1998. p.62-95.

LÜBBE, H. *Abschied vom Superstaat. Vereinigte Staaten von Europa wird es nicht geben.* Berlin: Siedler, 1994.

LUHMANN, N. *Das Recht der Gesellschaft.* Frankfurt am Main: Suhrkamp, 1994.

MAUS, I. Menschenrechte als Ermächtigungsnormen internationaler Politik oder: der zerstörte Zusammenhang von Menschenrechten und Demockratie. In: BRUNKHORST, H.; KÖHLER, W.; LUTZ-BACHMANN, M. (orgs.). *Recht auf Menschenrechte.* Frankfurt am Main: Suhrkamp, 1999. p.276-92.

_____. Verfassung oder Vertrag. Zur Verrechtlichung globaler Politik. In: NIESEN, P.; HERBORTH, B. (orgs.). *Anarchie der kommunikativen Freiheit. Jürgen Habermas und die Theorie der internationalen Politik.* Frankfurt am Main: Suhrkamp, 2007. p.350-82.

MCCRUDDEN, C. Human dignity and judicial interpretation of human rights. *The European Journal of International Law*, v.19, p.655-724, 2008.

MEIER, H. *Die Lehre Carl Schmitts*. Stuttgart: J. B. Metzler, 2004.

MÖLLERS, C. Demokratische Ebenengliederung. In: APPEL, I.; HERMES, G.; SCHÖNBERGER, C. (orgs.). Öffentliches Recht im offenen Staat. Festschrift für Rainer Wahl. Berlin: Duncker & Humblot, 2011. p.759-78.

_____. *Die drei Gewalten. Legitimation der Gewaltengliederung in Verfassungstaat, Europäischer Integration und Internationalisierung*. Weilewist: Velbrück Wissenschaft, 2008.

MÜNCH, R. *Die Konstruktion der Euopäischen Gesellschaft. Zur Dialektik von transnationaler Integration um nationaler Desintegration*. Frankfurt am Main: Campus, 2008.

NANZ, P.; STEFFEK, J. Zivielgesellschaftliche Partizipation und die Demokratisierung internationalen Regierens. In: NIESEN, P.; HERBOTH, B. (orgs.). *Anarchie der kommunikativen Freiheit. Jürgen Habermas und die Theorie der internationalen Politik*. Frankfurt am Main: Suhrkamp, 2007. p.87-110.

NEVES, M. The Symbolic Force of Human Rights. *Philosophy & Social Criticism*, n.33, p.411-44, 2007.

OETER, S. Föderalismus und Demokratie. In: VON BOGDANDY, A.; BAST, J. (org.). *Europäisches Verfassungsrecht. Theoretische und dogmatische Grundzüge*. Heidelberg: Springer, 2001. p.73-120.

PERNICE, I. Europäisches und nationales Verfassungsrecht. *Veröffentlichungen der Vereinigung der Deutscher Staatsrechtslehrer*, v.60, p.149-93, 2001.

_____. Verfassungsverbund. In: FRANZIUS, C.; MAYER, F. C.; NEYER, J. (orgs.). *Strukturfragen der Europäischen Union*. Baden--Baden: Nomos, 2010. p.102-9.

POGGE, T. (org.). *Global Justice*. Oxford: Blackwell, 2011.

SCHARPF, F. W. *Regieren in Europa: Effektiv und demokratisch?* Frankfurt am Main: Campus, 1999.

SCHEUERMAN, W. E. Der republikanismus der Aufklärung im Zeitalter der Globalisierung. In: EBERL, O. (org.). *Transnationalisierung der Volkssouveränität. Radikale Demokratie diesseits und jenseits des Staates*. Stuttgart: Franz Steiner, 2001. p.251-70.

SCHMITT, C. *Das internationalrechtliche Verbrechen des Angriffskrieges und der Grundsatz "Nullum crimen, nulla poena sine lege"*. Editado com observações e posfácio de Helmut Quaritsch. Berlin: Duncker & Umblot, [1945] 1994.

_____. *Der Begriff des Politischen*. Berlin: Dunker & Humblot, [1932] 1969. [Ed. bras.: O conceito do político. São Paulo: Del Rey, 2009.]

_____. *Die Wendung zum diskriminierenden Kriegsbegriff*. Berlin: Duncker & Humblot, [1938] 1988.

_____. *Verfassungslehre*. Berlin: Duncker & Humblot, [1928] 1983.

SCHÖNBERGER, C. Die Europäische Union als Bund. *Archiv des öffentlichen Rechts*, v.129, p.81-120, 2004.

_____. Lisbon in Karlsruhe: Maastricht's Epigones at Sea. *German Law Journal*, n.10, p.1201-18, 2009.

SCHULZE, H. *Staat und Nation in der Europäischen Geschichte*. München: C. H. Beck, 1994.

_____. On "Federal" Ground: The European Union as an (Inter)National Phenomenon. *Common Market Law Review*, v.46, p.1069-105, 2009.

SEN, A. *Die Idee der Gerechtigkeit*. München: C.H. Beck, 2010. [Ed. bras.: A ideia de justiça. São Paulo: Companhia das Letras, 2011.]

STEINS, T. *Himmlische Quellen und irdisches Recht. Religiöse Voraussetzungen des freiheitlichen Verfassungsstaates*. Frankfurt am Main: Campus, 2007.

SYMPOSIUM on Human Rights: Origins, Violations, and Rectifications. *Metaphilosophy*, v.40, n.1, 2009.

THIELE, U. Von der Volkssouveränität zum Völker(staats)recht. Kant − Hegel − Kelsen: Stationen einer Debatte. In: EBERL, O. (org.). *Transnationalisierung der Volkssouveränität. Radikale Demokratie diesseits und jenseits des Staates*. Stuttgart: Franz Steiner, 2001. p.175-96.

THYM, D. Variable Geometrie in der Europäischen Union: Kontrolierte Binnendifferenzierung und Schutz vor unionsexterner Gefährdung. In: KADELBACH, S. (org.). *60 Jahre Integration in Europa. Variable Geometrien und politische Verflechtung jenseits der EU*. Baden-Baden: Nomos, 2011. p.117-35.

VON BERNSTORFF, J. Pflichtenkollision und Menschenwürdegarantie. Zum Vorrang staatlicher Achtungspflichten im Normbereich von Art. I GG. *Der Staat*, v.47, p.21-40, 2008.

VON BOGDANDY, A. Democratic Legitimacy of Public Authority Beyond the State – Lessons from EU for International Organizations. Texto de conferência, abr. 2011. Disponível em: <http://ssrn.com/abstract=1826326>. Acesso em: set. 2011.

_____. Grundprinzipien. In: _____; BAST, J. (orgs.). *Europäisches Verfassungsrecht. Theoretische und dogmatische Grundzüge*. Heidelberg: Springer, 2001. p.13-71.

_____; VENZKE, I. In Whose Name? An Investigation of International Court's Public Authority and its Democratic Justification. Disponível em: <http://papers.ssrn.com/sol3/papers.cfm?abstract_id1593543>. Acesso em: set. 2011.

WALDRON, J. Dignity and Rank. *European Journal of Sociology*, v.48, p.201-37, 2007.

WALKER, N. (org.). *Sovereingty in Transition*. Oxford: Hart Publishing, 2003.

WELLMER, A. Menschenrechte und Demokratie. In: GOSEPATH, S.; LOHMAN, G. (orgs.). *Philosophie der Menschenrechte*. Frankfurt am Main: Suhrkamp, 1998. p.265-91.

WILDE, P.; ZÜRN, M. Somewhere Along the Line: Can the Politicization of European Integration Be Reversed? [manuscrito inédito, 2011].

WINTER, M. Reform der Reform. *Süddeutsche Zeitung*, 18 ago. 2011.

ZANGL, B.; ZÜRN, M.. *Frieden und Krieg. Sicherheit in der nationalen und postnationalen Konstellation*. Frankfurt am Main: Suhrkamp, 2003.

ZÜRN, M. Die Rückkehr der Demokratiefrage. Perspektiven demokratischen Regierens und die Rolle der Politikwissenschaft. *Bläter für Deutsche und Internationale Politik*, v.6, p.63-74, 2011.

ZÜRN, M. Global Governance as Multi-Level Governance. In: ENDERLEIN, H.; WÄLTI, S.; _____. (orgs.). *Handbook on Multi-Level Governance*. Cheltenham: Edward Elgar, 2010. p.80-99.

_____. Vier Modelle einer globalen Ordnung in kosmopolitischer Absicht. *Politische Vierteljahresschrift*, 1/10, p.78-118, 2011.

_____; ECKER-ERHARDT, M. (orgs.). *Die Politisierung der Weltpolitik* [no prelo].

Índice onomástico

A
Ackermann, J., 132
Adenauer, 129, 144
Adorno, VIII
Apel, K. O., 19
Archibugi, D., XIV, 95
Arendt, H., 30
Assheuer, T., 107, 109

B
Barroso, J. M., 120-121, 126
Bast, 67
Baylin, 68, 70
Baynes, K., 35
Beckert, J., 90
Bernstorff, V., 9
Blackstone, W., XIX
Blair, T., XX
Block, E., 31
Böckenförde, E., 26
Bogdandy, A. von, 39, 63, 68, 69, 72, 73, 96

Brandt, 129, 144
Brown, G. W., 95, 114, 120-121
Brunkhorst, H., 58
Bush, G. W., 111-112, 115, 141-142
Bush, G., 115-116

C
Caliies, C., 62, 66, 71, 80
Cardoso, F. H., XXI
Clinton, 111, 114, 116
Cohen, J., 36

D
Dahl, R. A., 54
Denninger, E., 8, 10, 30
Dutra, D. V., XXX

E
Eberl, O., 72
Ecker-Erhardt, M., 50
Eder, K., 85

Elias, N., 45
Enzensberger, H. M., 66
Eriksen, E. O., 57

Fischer, J., 130, 144
Flynn, J., 19
Follesdals, A., 30
Forst, R., 35, 57
Franzius, C., 39, 63, 64, 72, 77, 79, 80
Frowein, J. A., 39

G
Gardbaum, S., 17
Gauck, 144
Geißer, 144
Genscher, H. D., 129, 139
Groß, T., 54
Grotius, H., 26
Günther, K., 22, 32, 34
Guttenberg, K. T. zu, 141, 143, 144

H
Halberstam, D., 64
Heinemann, 129
Held, D., XIX, 48, 50, 95, 105
Höffe, O., XXIX
Hoffmann, C., 88
Honneth, A., XIV, 28
Horkheimer, M., VIII
Huber, W., 26

I
Illner, M., 132

J
Juncker, J. C., 107, 120-121, 130

K
Kagan, R., 115
Kant, I., XXIX, 9, 20, 26, 27, 28, 40, 48, 56, 72, 98-99, 100
Kaya, A., 105
Kelsen, H., 40, 94
Kohl, H., 129, 130, 144
Koskenniemi, M., 40, 47

L
Lacroix, J., 68
Lohmann, 21, 22
Lübbe, H., 44
Luhmann, N., 46

M
Madison, J., 69-71, 73
Maia, A. C., XV
Marcuse, VIII
Maus, I., 33, 50
Mayer, F. C., 39
McCrudden, C., 9, 12, 14
McGrew, A., 48, 50
Meier, H., 46
Menem, C., XXI
Merkel, A., 43, 88-89, 107, 120, 125, 126, 130, 132, 136, 139-140
Möllers, C., 39, 53, 64, 79, 83, 103
Moreira, L., XV
Münch, R., 68, 82

Sobre a constituição da Europa

N
Nanz, P., 98
Neves, M., 32
Neyer, J., 39, 57
Nicoläides, K., 68
Niesen, P., 72
Nobre, M., XV
Nullmeier, F., 57

O
Obama, B., 107
Oeter, S., 43, 70

P
Paulson, 120
Pernice, I., 58, 64-65, 73
Peters, A., 72-73
Pinzani, A., XI, XXVII, XXX
Pogge, T., 106
Preuss, U. K., 79
Pritzlaff, T., 57
Pufendorf, S. von, 26

R
Rawls, J., 16, 35
Reagan, R., XX-XXI, 110-111, 114
Rumsfeld, 113
Rüttgers, J., 122

S
Sarkozy, N., 88-89, 107, 121-122, 125
Scharpf, F. W., 86
Schäuble, W., 43

Scheuerman, W. E., 57, 58
Schmidt, H., 113, 129, 144
Schmitt, C., 12, 33, 34, 46, 47, 55, 69, 71, 115
Schönberger, C., 64, 70, 71, 75, 77
Schröder, G., 130, 144
Schulze, H., 54
Schütze, 70
Sen, A., 106
Steffek, J., 98
Steinbrück, P., 107, 120
Steins, T., 26
Streeck, W., 90

T
Terra, R., XV
Thatcher, M., XX-XXI, 110-111, 114
Thiele, U., 40
Thym, D., 87
Trichet, J. C., 43, 129

W
Waldron, J., 20, 24-25,
Walker, N., 55
Weizsäcker, C. F. von, 116, 129
Wellmer, A., 34
Wilde, P., 88
Wilson, 34
Wingert, L., 31
Winter, M., 88

Z
Zangl, B., 82
Zürn, M., 50, 52, 82, 88, 93, 98

SOBRE O LIVRO

Formato: 14 x 21 cm
Mancha: 23 x 44 paicas
Tipologia: Venetian 301 12,5/16
Papel: Pólen Print 80 g/m² (miolo)
Cartão Supremo 250 g/m² (capa)
1ª *edição*: 2012

EQUIPE DE REALIZAÇÃO

Edição de texto
Frederico Ventura (Copidesque)
Tatiana Valsi (Revisão)

Capa
Andrea Yanaguita

Editoração Eletrônica
Eduardo Seiji Seki (Diagramação)

Assistência Editorial
Alberto Bononi

Impressão e Acabamento
FARBE DRUCK
gráfica e editora ltd·